A morte nos olhos

FUNDAÇÃO EDITORA DA UNESP

Presidente do Conselho Curador
Mário Sérgio Vasconcelos

Diretor-Presidente
Jézio Hernani Bomfim Gutierre

Superintendente Administrativo e Financeiro
William de Souza Agostinho

Conselho Editorial Acadêmico
Danilo Rothberg
Luis Fernando Ayerbe
Marcelo Takeshi Yamashita
Maria Cristina Pereira Lima
Milton Terumitsu Sogabe
Newton La Scala Júnior
Pedro Angelo Pagni
Renata Junqueira de Souza
Sandra Aparecida Ferreira
Valéria dos Santos Guimarães

Editores-Adjuntos
Anderson Nobara
Leandro Rodrigues

JEAN-PIERRE VERNANT

A MORTE NOS OLHOS
A FIGURA DO OUTRO NA GRÉCIA ANTIGA
ÁRTEMIS, GÓRGONA

Tradução
Mariana Echalar

editora
unesp

© 2010 Librairie Arthème Fayard/Pluriel

A primeira edição deste ensaio foi publicada pela Hachette em 1985, na coleção "Textes du XXe siècle", dirigida por Maurice Olender.

O texto inicial é acompanhado por um diálogo entre o autor e Pierre Kahn, sobre *A morte nos olhos*, que apareceu na primavera de 1986 em *Espaces. Journal de psychanalyse*, 13-14, e que foi retomado por Jean-Pierre Vernant em *Entre myth et politique* (Éd. du Seuil, col. "La librairie du XXe siècle", 1996).

© 1998 Hachette Littératures

© 1996 Éditions du Seuil (para o diálogo entre Jean-Pierre Vernant e Pierre Kahn)

© 2021 Editora Unesp

Título original: *La mort dans les yeux: figures de l'Autre en Grèce ancienne: Artémis, Gorgô*

Direitos de publicação reservados à:
Fundação Editora da Unesp (FEU)
Praça da Sé, 108
01001-900 – São Paulo – SP
Tel.: (0xx11) 3242-7171
Fax: (0xx11) 3242-7172
www.editoraunesp.com.br
www.livrariaunesp.com.br
atendimento.editora@unesp.br

Dados Internacionais de Catalogação na Publicação (CIP) de acordo com ISBD
Elaborado por Vagner Rodolfo da Silva – CRB-8/9410

V529m	Vernant, Jean-Pierre
	A morte nos olhos: a figura do outro na Grécia Antiga. Ártemis, Górgona / Jean-Pierre Vernant; traduzido por Mariana Echalar. – São Paulo : Editora Unesp, 2021.
	Tradução de: *La mort dans les yeux: figures de l'Autre en Grèce ancienne: Artémis, Gorgô*
	Inclui bibliografia.
	ISBN: 978-65-5711-053-9
	1. Mitologia grega. 2. Grécia Antiga. 3. Ártemis. 4. Górgona. I. Echalar, Mariana. II. Título.

2021-2278	CDD 292.13
	CDU 292

Editora afiliada:

Asociación de Editoriales Universitarias de América Latina y el Caribe

Associação Brasileira de Editoras Universitárias

para Julien

Figuras às páginas 5 e 7:

Ártemis: vaso ático de figuras vermelhas; Bâle Kä 404.
Górgona: vaso ático de figuras negras; Heidelberg 62/4.
Desenhos de François Lissarrague

Sumário

Introdução . 11

1. Ártemis ou as fronteiras do Outro . 15
2. Do marginal ao monstruoso . 27
3. A máscara da Górgona . 33
4. Uma face de terror . 43
5. A flauta e a máscara. A dança de Hades . 61
6. As deusas-cabeças . 71
7. A morte nos olhos . 81

A morte nos olhos
Conversa com Pierre Kahn . 89

Referências . 115

Introdução

Por que Ártemis? Não há dúvida de que se trata de uma pessoa sedutora, cuja mocidade une o charme a muitos perigos. Mas o interesse que ela desperta em mim e as perguntas que me fiz a seu respeito nasceram de uma pesquisa mais ampla conduzida nos últimos anos sobre as diversas maneiras de representar o divino.[1] Como os gregos representaram seus deuses e quais lugares ou relações simbólicas associam determinado tipo de ídolo à divindade que é missão dele evocar ou "presentificar". Nesse contexto, tomei conhecimento da questão dos deuses gregos mascarados, isto é, dos deuses representados apenas por uma máscara, ou cujo culto inclui máscaras, tanto votivas como usadas pelos celebrantes. Refiro-me essencialmente a três Potências do além: Gorgó*

---

1 Cf. *Annuaire du Collège de France*, 1975-1976 até 1983-1984.
* Optou-se nesta edição pela manutenção de algumas ocorrências do nome "Gorgó" para a designação da górgona Medusa, embora seja termo algo incomum em português. Preserva-se assim proximidade com as opções do autor no original francês, que por vezes se refere ao monstro da mitologia empregando o radical grego original (latinizado) "Gorgó". [N. E.]

(a górgona Medusa), Dioniso e Ártemis. Que características comuns essas Potências apresentam, por mais distintas que sejam, que as aproximam dessa zona do sobrenatural expressa pela máscara? Minha hipótese é que, obedecendo a modalidades próprias, todas têm relação com o que chamarei, na falta de opção melhor, de alteridade. Elas tratam da experiência dos gregos com o Outro, sob as formas que estes deram a ele.

Alteridade é uma noção imprecisa e extremamente ampla, mas que não acredito anacrônica, na medida em que os gregos a conheciam e utilizavam. Platão, por exemplo, opõe a categoria do Mesmo à do Outro em geral (*tò héteron*).[2] Evidentemente, não é possível falar de alteridade *tout court*. É preciso distinguir e definir em cada caso tipos específicos de alteridade: o que é outro em relação à criatura viva, ao ser humano (*ánthrōpos*), ao ser civilizado, ao macho adulto (*anér*), ao grego, ao cidadão.

Desse ponto de vista, poderíamos dizer que a máscara monstruosa da Górgona traduz a extrema alteridade, o horror terrífico do que é absolutamente outro, o indizível, o impensável, o puro caos: para o homem, o confronto com a morte, a morte que o olhar da Górgona impõe àqueles que o fixam, transformando todo ser que respira, move-se e vê a luz do Sol em pedra imóvel, fria, cega, entenebrecida. Com Dioniso, tudo muda de figura; trata-se, no seio mesmo da vida, nesta mesma

---

2 Timeu, 35a 3 et seq.; *Teeteto* 185c 9; *Sofista*, 254e 3; 255b 3; 256d 12-e 1. Em *Parmênides*, o Outro se opõe ao Uno, como ao Ser (143c 2 et seq.).

terra, da intrusão súbita do que nos desorienta da existência cotidiana, do curso normal das coisas, de nós mesmos: o disfarce, a dissimulação, a embriaguez, a brincadeira, o teatro, o transe e, enfim, o delírio extático. Dioniso nos ensina ou obriga a nos tornarmos diversos do que somos normalmente, a experimentar nesta vida, neste mundo, a fuga para uma estranheza desconcertante.

E Ártemis? Veremos Ártemis não nas minúcias de seus santuários e de suas formas,[3] mas no essencial: o que dá especificidade a essa Potência divina, bem como unidade e coerência a suas múltiplas funções.

---
3 Cf. Kahil, "Artémis", no qual se encontrarão todas as precisões necessárias.

I
ÁRTEMIS OU AS FRONTEIRAS DO OUTRO

Ártemis, filha de Zeus e Leto, irmã de Apolo, detentora como ele do arco e da lira,[1] tem um aspecto duplo. É a Caçadora, a Batedora dos bosques, a Selvagem, a Sagitária que mata os animais selvagens com seus dardos, e cujas flechas, entre os humanos, às vezes atingem as mulheres de improviso, causando-lhes morte súbita.[2] É também a Moça, a pura *Parthénos*, consagrada à virgindade eterna, que na alegria da dança, da música e do belo canto rege o gracioso coro das adolescentes que lhe fazem companhia: as ninfas e as cárites.

De onde vem Ártemis? Muito se discutiu sobre isso. Para alguns, seu nome é puramente grego; outros a veem como uma forasteira, cuja origem ora é nórdica, ora é oriental, lídia

---

1 Cf. Dumézil, *Apollon sonore et autres essais*, p.13-108. No caso da deusa, o epíteto que a designa como *chrusēlákatos* (da flecha de ouro), comporta certa ambiguidade, evocando o duplo aspecto de uma Potência ao mesmo tempo caçadora/mortal e feminina/virginal. *Chrusēlákatos* significa também: da roca de ouro; cf. *Ilíada*, 20, 70 e *Odisseia*, 4, 12, para cada um dos sentidos.

2 O dardo que Ártemis aponta, porque acerta bruscamente, de surpresa, e mata subitamente, é uma "doce flecha", e a morte que ela envia é "uma terna morte"; cf. *Odisseia*, 5, 123; 11, 172-3; 18, 202; 20, 60 e 80.

ou egeia. Sua representação iconográfica na época arcaica lembra, em muitos aspectos, a da figura da grande deusa asiânica ou cretense batizada de "Senhora dos Animais" ou "Dama das Feras" (*Pótnia thērôn*), cujo título é exatamente o que a *Ilíada* atribui, em certa passagem, a Ártemis.[3] Uma coisa, em todo caso, parece mais ou menos certa: o nome Ártemis parece constar realmente das tabuinhas em Linear B da Pilos acaia. Desde o século XII a.C., portanto, ela já estaria presente no panteão grego e, se os próprios antigos às vezes a qualificam de *kséne* (estrangeira), o termo se refere não a uma origem não grega, mas, ao contrário, como no caso de Dioniso, à "estranheza" da deusa, à distância que a separa de outros deuses, à alteridade que ela comporta.[4] Mas se a questão das origens de Ártemis permanece insolúvel, podemos identificar os traços que, desde o século VIII, lhe dão fisionomia própria e a tornam uma personagem divina original, tipicamente grega, com lugar, papel e funções no panteão que são exclusivos a ela.

Como Ártemis é vista tradicionalmente? Em função de duas características. Primeiro, ela seria a deusa do mundo selvagem em todos os planos: dos animais selvagens, das plantas, das terras incultas e dos jovens ainda não integrados à sociedade, ou civilizados. Segundo, ela seria a deusa da fecundidade, a que faz crescer vegetais, animais e seres humanos.

---

3 *Ilíada*, 21, 470.
4 Cf. Vernant, *Annuaire du Collège de France*, 1982-1983, p.443-57.

Quem é Ártemis? Vejamos primeiramente seu lugar e posição e, em seguida, seu papel e funções.

Lugar

"Que todas as montanhas sejam minhas", declara Ártemis no *Hino* que Calímaco lhe dedica,[5] e ainda especifica que raramente descerá à vila, caso necessitem dela. Mas afora os montes e os bosques, ela habita todos os demais lugares que os gregos denominam *agrós*, as terras não cultivadas, que marcam, para além dos campos, os confins do território (*eskhatiai*). Agreste (*agrótera*), ela também é *Limnâtis*: a dos pântanos e lagunas. Seu lugar é à beira-mar, nas zonas costeiras, onde os limites entre a terra e a água são indefinidos; também está nas regiões interioranas, quando o extravasamento de um rio faz as águas estagnadas criarem um espaço que nunca chega a ser plenamente seco nem é totalmente molhado, e onde a cultura da terra é precária e perigosa. O que têm em comum esses lugares tão diversos, onde são construídos os templos da deusa? Mais do que um espaço completamente selvagem, representando uma alteridade radical em relação à cidade e às terras humanizadas, eles são confins, zonas limítrofes, fronteiras onde o Outro se manifesta no contato regular que se tem com ele, onde o selvagem e o cultivado se encontram, opondo-se, mas, sobretudo, interpenetrando-se.

---

[5] Calímaco, *Hino a Ártemis*, 18.

Funções

Primeiramente, a caça.

Na fronteira entre dois mundos, Ártemis preside à caça, marcando limites e garantindo uma boa articulação apenas por estar ali. O caçador, perseguindo os bichos para matá-los, invade o domínio do selvagem. Invade-o, mas não pode avançar demais. Muitos mitos relatam exatamente o que ameaça o caçador se ele ultrapassar certos limites: risco de asselvajamento, de bestialização. E, no entanto, para o jovem, a caça constitui um elemento fundamental de sua educação, daquela *paideia* que o integra à cidade.[6] Na fronteira do selvagem com o civilizado, ela introduz o adolescente no mundo dos animais ferozes. Mas a caça é praticada em grupo e com disciplina; é uma arte controlada, regulada, com imperativos rígidos, obrigações e interdições. Basta que essas normas sociais e religiosas sejam transgredidas e o caçador, resvalando para fora do humano, torna-se selvagem como os animais com os quais se confronta. Vigiando para que se respeitem essas normas, Ártemis consagra a intangibilidade de uma fronteira cuja extrema fragilidade é evidenciada pela caça na medida em que ameaça contestá-la a todo instante.

Ártemis, portanto, não é selvagem. Ela cuida para que, de certo modo, as fronteiras entre o selvagem e o civilizado sejam permeáveis, visto que a caça nos faz passar de um lado

---

6 Cf. Xenofonte, *A arte da caça*, 1, 18.

para o outro, mas ao mesmo tempo permaneçam absolutamente distintas, caso contrário os homens se tornariam selvagens, como aconteceu no século III com os árcades de Cineta, segundo Políbio: por terem negligenciado os ritos e os costumes patrocinados pela deusa, regrediram a um estágio anterior ao da civilização; abandonaram aldeias e cidades, viviam apenas entre si e, por massacrar uns aos outros, demonstravam a mesma ferocidade que leva os animais selvagens a se devorar.[7]

A *curotrofia*

Ártemis é a Curótrofa por excelência. Incumbe-se de todas as crias, tanto animais como humanas, sejam machos ou fêmeas. Sua função é nutri-las, fazê-las crescer e amadurecer até se tornarem plenamente adultas. Ela conduz os filhos dos homens até o limiar da adolescência, o qual devem transpor com seu auxílio e anuência, abandonando a vida juvenil em suas mãos, para alcançar, mediante rituais de iniciação presididos por ela, a plena socialidade: a mocinha passa para o estado de esposa e mãe, e o efebo para o de cidadão-soldado. A matrona e o hoplita são os estados modelares do que devem ser a mulher e o homem para alcançar uma identidade social em sintonia com os outros. No período de crescimento, antes do passo decisivo, os jovens, à semelhança da deusa, ocupam posição liminar, incerta e ambígua, onde as fronteiras que

---

[7] Políbio, *Histórias*, IV, 20-2.

separam meninos de meninas, jovens de adultos, bichos de homens, ainda não estão nitidamente definidas. Elas oscilam, resvalam de um estatuto para outro: as meninas adotam o comportamento e o papel dos meninos; os adolescentes bancam os adultos, julgando-se inteiramente formados, como se já estivessem maduros e realizados; as criaturas humanas se identificam com os animais selvagens. Apenas um exemplo: Atalanta, a mais artemisiana das *parthénoi*, a virgem que deseja permanecer toda a vida sob a influência de Ártemis, jamais ultrapassando a fronteira que leva a mocinha a cumprir a sua vocação de esposa, de matrona, como todas as mulheres.[8] Desde o seu nascimento, Atalanta foi alimentada nos bosques por uma ursa que, com o leite de suas tetas e lambendo-a como lamberia seus filhotes, "molda-a à maneira da ursa".[9] A menina cresce tão rápido que, em poucos anos, tem o tamanho, a força e a aparência de um adulto. Sua beleza é masculina, assim como a sua conduta. Ela é tão viril que assusta quem a conhece.[10] Tornando-se *téleia* ou *hōraîa*, isto é, chegando à idade em

---

8 Sobre Atalanta, cf. Teógnis, *Idílios*, 1287-94; Apolodoro, *Biblioteca*, III, 9, 2; Eliano, *Varia historia*, XIII; Ovídio, *Metamorfoses*, X, 560-680; VIII, 318-445. Para a interpretação da personagem e da lenda, cf. Detienne, *Dionysos mis à mort*, p.80-8.
9 Licofrão, *Alexandra*, 137, e o escólio dessa passagem.
10 Eliano, op. cit., XIII, 1: "Atalanta, ainda menina, era mais alta do que são normalmente as mulheres feitas [...] tinha uma fisionomia masculina, um olhar terrível [...]. Não tinha nada do seu sexo [...]. Reunia duas qualidades igualmente feitas para assombrar: uma beleza incomparável e um ar que inspirava terror [...]. Ninguém cruzava com ela sem sentir um espasmo de pavor".

que a mulher amadurece e deve procriar, ela rejeita o *télos* do matrimônio, a realização da feminilidade para a qual Ártemis deve encaminhar, e em seguida abandonar, a jovem que escapa de suas mãos no devido tempo e torna-se mulher. Consagrando-se a Ártemis, desejando permanecer virgem como ela para todo o sempre, Atalanta reduz toda a feminilidade ao seu estágio preliminar; recusa-se a conhecer e transpor a fronteira que separa a alteridade juvenil da identidade adulta; por isso, tudo se mistura em Atalanta: a criança, a *país*, não se distingue da mulher madura; a menina, em vez de se diferenciar do menino, resvala na hipervirilidade; a criatura humana se faz ursa. O matrimônio, quando finalmente é imposto a Atalanta, transforma-se primeiro numa corrida, numa perseguição selvagem, em que a prometida persegue e mata o pretendente como se estivesse numa caçada; depois, quando Afrodite intervém para fazer a donzela se apaixonar, vira uma união bestial, em que marido e mulher são transformados em leão e leoa.

Em termos mais precisos, o mundo de Ártemis não é o de Atalanta. Ele não se fecha em si mesmo, não se circunscreve a sua própria alteridade, mas abre-se para a idade adulta. O papel de Ártemis é preparar os jovens para abandoná-la quando chegar a hora; ela institui os ritos pelos quais se despede deles, acompanhando-os até a outra margem, no território do Mesmo.

Em Brauro, na costa da Ática, as meninas de Atenas, reclusas no santuário de Ártemis entre os 5 e os 10 anos de idade, tinham de se fazer ursas, "imitar a ursa", para poder se casar. Que ursa? A ursa selvagem que abandonou os bosques pelo santuário da deusa para amansar-se progressivamente, acostumar-se ao convívio dos homens, familiarizar-se. Ao contrário de Atalanta, as meninas que fazem o percurso da ursa sob a autoridade de Ártemis não se tornam selvagens; elas se domam pouco a pouco para que, ao fim da prova, do distanciamento de casa, estejam preparadas para "conviver em matrimônio com um homem".[11]

Acompanhando os jovens em todo o seu caminho, do embrião à maturidade, instituindo os ritos de passagem que consagram o momento que eles saem das margens e entram no espaço cívico, Ártemis não encarna a completa selvageria; a Curótrofa atua de tal maneira que se estabelece uma delimitação clara entre meninos e meninas, entre jovens e adultos, entre bichos e homens, e assim possam articular-se corretamente a castidade à qual se destina a mocinha e o matrimônio que completa a mulher em seu estado de adulta, as pulsões da sexualidade e a ordem social, a vida selvagem e a vida civilizada.

Das margens onde reina, Ártemis incumbe-se da formação dos jovens e assegura sua integração na comunidade cívica. Fazendo-os passar do outro ao mesmo, ela preside a essa mudança de estado, esse salto em que os jovens deixam de ser jovens e tornam-se adultos, sem que o estado da juventude e o da maturidade se misturem, ou suas fronteiras se apaguem.

---

11 *Suda*, s.v. "*árktos è Braurōníois*"; para o conjunto dos textos relativos à *arkteia* de Brauro, cf. Sale, "The Temple-Legends of the Arkteia", p.265 et seq.; Montepaone, *L'arkteia à Brauron*, p.343 et seq.

O parto

Deusa virgem, Ártemis rechaça qualquer contato amoroso e, no entanto, sob o epíteto de *Lokhía*, é a padroeira dos partos. O motivo é que o parto constitui ao mesmo tempo o fim dessa lenta maturação feminina, da qual a deusa é responsável, e o início do percurso de vida do recém-nascido, cujo desenvolvimento lhe pertence. É também porque o parto introduz na instituição social do matrimônio certo aspecto de animalidade. Em primeiro lugar, porque, ao procriar, os cônjuges, cuja união se baseia num contrato, produzem um descendente semelhante a um animalzinho, ainda alheio às regras da cultura. Em segundo lugar, porque o laço que une a criança à mãe é "natural", e não social como aquele que a une ao pai. E, por último, porque, gerando um descendente humano, do mesmo modo como fazem os animais, o parto, pelos gritos, pelas dores, pela espécie de delírio que o acompanha, manifesta para os gregos o lado selvagem e animal da feminilidade – ao mesmo tempo que a mulher, dando um futuro cidadão à cidade, reproduzindo-a, parece mais bem integrada ao mundo da cultura.

A guerra

Enfim, Ártemis participa da condução da guerra, embora não seja uma deusa guerreira. Por esse motivo é que suas intervenções nesse terreno não são de ordem belicosa. Ártemis não combate, mas guia e salva; é *Hēgemónē* e *Sòteira*. É invocada como salvadora em situações críticas, quando o conflito compromete a perenidade de uma cidade ameaçada de destruição. Ártemis se mobiliza quando, por emprego excessivo de violência num confronto, a guerra extrapola o quadro civilizado dentro do qual é mantida pelas regras da luta militar e se converte em selvageria bruta.[12]

Nesses casos extremos, a deusa não recorre à força física ou guerreira para produzir a salvação. Age através de uma manifestação sobrenatural que embaralha o desenvolvimento natural do combate para desorientar os agressores e favorecer seus protegidos. Cega os primeiros, extraviando-os pelos caminhos ou perturbando-lhes o espírito pela confusão do pânico. Dá aos segundos uma espécie de hiperlucidez, guiando-os milagrosamente pelas trevas ou iluminando-lhes o espírito com inspirações súbitas. No primeiro caso, ela apaga, confunde as fronteiras da natureza ou do espírito; no segundo, ao mesmo tempo que as fronteiras se embaralham, ela permite que se desembaralhem.

O combate

Preludiando o combate, antes da ordem de atacar, é regra imolar uma cabra à deusa diante do exército e à vista do inimigo. É a selvageria de novo, escondida em segundo plano

---

[12] Cf. Ellinger, "Le gypse et la boue I. Sur les mythes de la guerre d'anéantissement", p.7-55; "Les ruses de guerre d'Ártemis", p.51-67.

na guerra, que a presença de Ártemis, no limiar da batalha, relembra e ao mesmo tempo busca afastar. A cabra degolada compartilha o *status* ambíguo da deusa em sua posição intermediária: a cabra é o mais selvagem de todos os animais domesticados. Seu sacrifício evoca previamente o sangue que a brutalidade do combate deve necessariamente fazer correr, mas ao mesmo tempo desvia a ameaça para o inimigo, afasta do exército, enfileirado em ordem de batalha, o perigo de sucumbir à confusão do pânico ou ao horror do frenesi assassino. Na intersecção dos dois campos, no momento crítico, na situação liminar, a *sphagé*, a degola sangrenta do animal, não remete apenas à fronteira que separa a vida da morte, a paz do combate guerreiro; ela também reconsidera o limite entre a ordem civilizada, em que cada combatente tem o seu lugar próprio para cumprir o papel que lhe é designado desde a infância, no ginásio, e o domínio do caos, em que ele fica entregue à violência pura, como acontece com os animais selvagens, que não sabem nem o que é regra nem o que é justiça.[13]

Caça, curotrofia, parto, guerra e combate. É sempre como divindade das margens que Ártemis atua, com o duplo poder de conduzir as necessárias passagens entre a selvageria e a civilização e manter as fronteiras separadas no exato momento em que são transpostas.

---

13 Hesíodo, *Os trabalhos e os dias*, 276-80.

2

Do marginal ao monstruoso

Ártemis, assim como Dioniso, é uma das divindades gregas que os gregos, em seu imaginário, situam longe da Grécia, como um deus vindo de fora, do estrangeiro. É o caso da Ártemis Táurica, que Atenas e Esparta diziam possuir o ídolo, que fora trazido por Orestes da terra dos citas. Forasteira, bárbara, selvagem e sanguinária, a Ártemis Táurica pertence a um povo que habita o extremo oposto da Grécia. Os tauros de Cítia não conheciam as leis da hospitalidade. Tinham o costume de capturar os estrangeiros, em especial os gregos, e degolá-los no altar da deusa. Encarnam o *áksenon*, o *ámikton*, o não hospitaleiro, o recusar misturar-se com o outro.[1] Mas qual é o papel dessa Ártemis bárbara, sedenta de sangue humano, especialmente de sangue grego, quando é acolhida pelos gregos, integrada ao seu culto, e torna-se a deusa do homem civilizado, isto é, daquele que, ao contrário do bárbaro, do selvagem, arruma um lugar para o *ksénos*, para aquele que não é ele? A partir do momento que a Ártemis forasteira se torna grega,

---

1 Cf. Eurípides, *Ifigênia em Táuris*, 402e 1388.

sua alteridade muda, sua função se inverte. Ela não representa mais, como em Cítia, a incapacidade típica do selvagem de conviver com o civilizado; ao contrário, ela encarna a capacidade pressuposta pela cultura de integrar em si o que lhe é estranho, de assimilar o outro sem se tornar selvagem.

O outro como componente do mesmo, como condição da identidade consigo. Esse é o motivo pelo qual, nos santuários onde a Soberana das Margens faz os jovens cruzarem a fronteira para o estado de adulto, onde os faz passarem dos confins para o centro, da diferença para a semelhança, ela aparece ao mesmo tempo como deusa políade, fundadora da pólis, instituindo para todos que no início eram diferentes, opostos ou inimigos, uma vida comum num contexto de grupo coeso de seres idênticos entre si. Os exemplos são muitos e claros, da Ártemis de Tindário à Triclária de Patras e à Ortia de Esparta.[2]

Apenas duas palavras sobre esta última. Para os gregos, Ortia é a Ártemis bárbara, a cita. Ela se incumbe de todo o processo de iniciação dos meninos. Ora, o que diz a lenda sobre a fundação do santuário?[3] Foi em torno do altar, para realizar em comum o primeiro sacrifício, que se reuniram os diversos membros da Esparta arcaica, as quatro *ōbaí*, as tribos fixadas cada uma em seu território, em seu burgo, e todas

---

2 Sobre a Ártemis de Tindário, cf. Frontisi-Ducroux, "Artémis bucolique", p.46 et seq.; "L'homme, le cerf et le berger. Chemins grecs de la civilité", p.58 et seq. Sobre a Ártemis Triclária de Patras, cf. Vernant, *Annuaire du Collège de France*, 1982-1983, p.445-9.
3 Pausânias, *Descrição da Grécia*, III, 16, 9-11.

inicialmente estranhas a todas as outras. A história começa mal. Durante a cerimônia de sacrifício, os grupos brigam e se matam. É o sangue dos futuros cidadãos, ainda não reunidos em uma única e mesma comunidade, que corre pelo altar da deusa, como correrá mais tarde o sangue dos jovens nos rituais de iniciação, na prova do chicote. A instituição do culto, com regras para os seus procedimentos, não permite apenas a integração anual de uma nova classe de jovens, assimilando-os aos adultos; ela também faz, concomitantemente, a junção harmoniosa de elementos diversos e até então hostis, a fusão num conjunto unificado e homogêneo de todos os participantes, que, a partir dali, se definirão uns em relação aos outros como os *Isoi*, os *Homoioi*, os iguais, os semelhantes. Por intermédio dessa Ártemis forasteira, mensageira da alteridade, a cidade grega, adotando-a como sua, constitui a partir do Outro, e com o Outro, o seu Mesmo.

Após essa breve exposição dos longes da Grécia, repetimos a pergunta: por que Ártemis? Pelo prazer de compreender, é claro, ou pelo menos pelo prazer de tentar compreender. Compreender esses outros que são os gregos antigos e nós mesmos também. Não que os gregos sejam um modelo e seja possível adaptar suas atitudes às nossas, por maior que seja a tentação, em se tratando de um problema tão atual sob tantos aspectos. Mas porque a distância nos faz ver mais nitidamente que, se todo grupo humano, toda sociedade, toda cultura vive e se pensa como *a* civilização cuja identidade precisa ser preservada, e cuja sobrevivência deve ser assegurada contra irrupções de fora e pressões de dentro, todos são igualmente confrontados com o problema da alteridade, na variedade de suas formas: desde a morte, o Outro absoluto, até as alterações constantes do corpo social causadas pelo fluxo de gerações, passando pelos necessários contatos, pelas trocas com o "estrangeiro", dos quais nenhuma cidade pode prescindir.

Ora, através da religião, os gregos expressaram esse problema e lhe deram todas as suas dimensões – inclusive a filosófica, que Platão depois desenvolverá: o Mesmo não é concebível e não pode ser definido senão pela relação com o Outro, com a multiplicidade de outros. Se o Mesmo permanece fechado em si, o pensamento não é possível. E devemos acrescentar: a civilização não é possível. Os gregos nos dão uma grande lição ao fazer da deusa das margens uma potência de integração e assimilação – e também ao instalar no centro do dispositivo social, em pleno teatro, Dioniso, a encarnação da figura do Outro no panteão grego.[4] Eles não nos convidam a ser politeístas, a acreditar em Ártemis e Dioniso, mas a abraçar plenamente, dentro da ideia de civilização, uma atitude que tem valor não apenas moral e político, mas também intelectual, e chama-se tolerância.

E por que a Górgona? Porque para o historiador – e em particular para o historiador da religião – o problema da alteridade na Grécia Antiga não pode se restringir à representação dos outros, de todos os outros que, por motivos diversos, os gregos classificavam na categoria do diferente para poder

---

4 Cf. Vernant, "Le Dionysos masqué des Bacchantes d'Euripide", p. 31-58.

refletir sobre eles, e cujas imagens aparecem sempre deformadas, quer se trate do bárbaro, do escravo, do estrangeiro, do jovem ou da mulher, porque são sempre construídas tendo como referência o mesmo modelo: o cidadão adulto. A investigação também deve incluir o que podemos chamar de alteridade extrema e inquirir sobre a maneira como os antigos tentaram, dentro do universo religioso, dar forma a essa experiência do absolutamente outro: não mais o humano diferente do grego, mas o que se manifesta, em relação ao ser humano, como diferença radical: em vez do outro homem, o outro do homem.

Não nos parecem ter sido outros o sentido e a função dessa estranha Potência sagrada que atua através da máscara, que pode não ter outra forma a não ser a própria máscara e apresentar-se inteira como máscara: Gorgó.

Sob certos aspectos, a Górgona se assemelha a Ártemis:[5] no santuário da Ártemis Ortia, em Esparta, dentre as máscaras votivas dedicadas à deusa (os jovens tinham de usar máscaras parecidas durante o *agogé* para executar danças miméticas), muitas reproduzem o rosto monstruoso e terrífico de Gorgó.

Mas a alteridade que meninos e meninas exploram sob a proteção de Ártemis parece situar-se inteiramente num plano horizontal, tanto no espaço como no tempo. Essa alteridade

---

[5] Ambas têm afinidades com a *Potnia theron*, a grande divindade feminina, a senhora das feras e da natureza selvagem, que as precedeu no mundo creto-micênico. Cada uma à sua maneira assumiu seu legado, transformando-o profundamente no âmbito da religião cívica.

marca os primeiros momentos da vida humana – uma vida pontuada por etapas e passagens até o homem e a mulher se tornarem plenamente eles mesmos. Ela reina nas fronteiras do espaço cívico, nas terras incultas, à distância da cidade e da vida civilizada, nas margens da selvageria. Ártemis, contudo, assume essa selvageria – que parece compartilhar com a Górgona – de outra forma: ela a sublinha e aponta apenas para melhor rechaçá-la para a periferia.

Instruindo os jovens, em sua diferença, para que experimentem formas diversas de alteridade nos confins, Ártemis os faz aprender corretamente o modelo que terão de seguir, quando chegar o momento. Das margens onde reina, ela prepara o retorno ao centro. A curotrofia que Ártemis pratica na zona selvagem visa à boa integração no centro do espaço cívico.

A alteridade encarnada pela Górgona é de um tipo diferente. Como a de Dioniso, ela atua no eixo vertical; nada tem a ver com os primeiros tempos da existência nem com os lugares distantes do horizonte civilizado, mas com o que a todo momento e em todos os lugares rouba o homem de si mesmo e de sua vida, seja – com a Górgona – para precipitá-lo no abismo, na confusão e no horror do caos, seja – com Dioniso e seus seguidores – para elevá-lo aos céus, na fusão com o divino e na beatitude de uma era dourada recuperada.[6]

---

6 Cf. Frontisi-Ducroux e Vernant, "Figures du masque en Grèce ancienne", p.68.

3
A MÁSCARA DA GÓRGONA

O modelo plástico da Górgona, sob a forma dupla de *gorgóneion* (a máscara em si) e personagem feminino de feições gorgôneas, não está representado somente na série de vasos. Desde a época arcaica, aparece também em frontões de templos, como nos acrotérios e nas antefixas. Encontra-se ainda em escudos, como episemas, decorando utensílios domésticos, enfeitando oficinas de artesãos, pendurado em fornos, esculpido em residências, estampado em moedas. Os tipos canônicos desse modelo, que surgiu no início do século VII a.C., constituíram-se em seus traços essenciais por volta do segundo quartel do mesmo século. Para além das variantes apresentada pelas imagéticas coríntia, ática e lacedemônia, podemos destacar, em uma primeira análise, duas características principais da representação de Gorgó. Primeiro, a frontalidade. Ao contrário das convenções figurativas que imperam no espaço pictural grego na época arcaica, a Górgona é sempre, sem exceção, representada de frente. Pura máscara ou personagem de corpo inteiro, o rosto da Górgona encara o espectador que a mira. Segundo, a "monstruosidade". Qualquer que seja o tipo de distorção, a figura joga sistematicamente como as interferências do humano e do bestial, associados e mesclados de maneiras diversas. A cabeça, aumentada, arredondada, lembra uma face leonina; os olhos são arregalados, o olhar é fixo e penetrante; a cabeleira é representada como uma grenha de animal ou como serpentes eriçadas; as orelhas são grandes, deformadas, às vezes parecendo orelhas de bovino; o crânio pode exibir chifres; a boca é larga e abre-se num ricto, cortando o rosto de lado a lado e revelando fileiras de dentes, com caninos de fera ou presas de javali; a língua, projetada para fora, cria uma saliência; o queixo é peludo ou barbudo; às vezes a pele é profundamente sulcada. Essa raça se apresenta mais como um esgar do que um semblante. Nessa subversão dos traços que compõem a figura humana, ela exprime, por um efeito de inquietante estranheza, um monstruoso que oscila entre dois polos: o horror do terrífico e o risível do grotesco. Da mesma maneira, entre a Górgona, situada do lado do horror, e os silenos ou sátiros, que no registro do monstruoso situam-se do lado do grotesco, podemos destacar semelhanças significativas, além de contrastes evidentes. De mais a mais, essas duas categorias de personagens possuem afinidades manifestas com a representação crua e brutal do sexo feminino ou masculino – representação que, da mesma forma que a face monstruosa da qual, sob certos aspectos, ela é o equivalente, pode provocar o pavor de uma angústia sagrada ou a gargalhada que liberta.

Para esclarecer esse jogo de interferências entre a face da Górgona e a imagem do sexo feminino – como entre o *phallós* e as personagens do tipo dos sátiros ou dos silenos, cuja monstruosidade, mesmo que se preste ao riso, também causa inquietação – devemos dizer algumas palavras sobre a estranha figura de Baubo, personagem de aspecto duplo: espectro noturno, espécie de ogra análoga, como Gorgó, Mormo ou Empusa, à Hécate infernal,[1] mas também velhinha bondosa, cujos gracejos espirituosos e gestos indecentes conseguem romper o jejum de Deméter, enlutada pela morte da filha, e arrancam gargalhadas da deusa. O cotejo dos textos que relatam o episódio[2] das estatuetas de Priene, representando uma personagem feminina resumida a um rosto que é ao mesmo tempo um baixo-ventre,[3] confere ao gesto de Baubo de levantar o vestido e exibir a genitália uma significação inequívoca: o que Baubo mostra a Deméter é um sexo maquiado de rosto, um rosto em forma de sexo ou, poderíamos dizer, o sexo feito máscara. Careteando, essa figura do sexo se faz gargalhada, uma gargalhada à qual corresponde a gargalhada da deusa, como à careta

---

1 Cf. Kern, *Orphicorum Fragmenta*, n.53 (ed. Kern); Abel, *Orphica*, I, 2, p.289. Uma primeira versão desse texto, mais curta e diferente, foi publicada em 1981 no volume de homenagens a Léon Poliakov, publicado em Bruxelas pela editora Complexes.

2 Clemente de Alexandria, *Protréptico*, II, 21 = *Orphicorum Fragmenta*, n.52 (ed. Kern); Arnóbio, *Adversus Nationes*, V, 25, p.196, 3; Reiff = *Orphicorum Fragmenta*, n.52 (ed. Kern).

3 Para essas estatuetas, o leitor consultará Raeder, *Priene: Funde aus einer griechischen Stadt*, em especial as figuras 23, a, b, c. Sobre o conjunto do estudo relativo a Baubo, existe um estudo exaustivo de Maurice Olender, "Aspects de Baubo, textes e contextos antiques", p.3-55.

de horror que rasga a face da Górgona corresponde o terror de quem a mira. O *phallós*, cuja relação com Baubo é dada por um de seus nomes (*baubṑn*),[4] tem função simétrica no polo oposto do monstruoso. Normalmente, ele amplifica o risível, revela o grotesco desses monstros divertidos que são os sátiros, mas nas iniciações provoca um efeito de terror sagrado, de pavor fascinado, inequívocos no gestual de certas personagens femininas recuando diante do *phallós* desvelado.

De mais a mais, existem duas versões míticas do riso de Deméter à procura de sua filha e, em cada uma, a protagonista, para criar o efeito de choque libertador da tristeza, utiliza um registro diferente do escandaloso. Segundo a primeira versão, Iambe, *graîa Iámbē*, a velha Iambe, como diz Apolodoro,[5] diverte Deméter e rompe o seu luto com brincadeiras obscenas, com *aiskhrología*,[6] do mesmo modo como se fazia nas tesmofórias ou no *gephurismós* das procissões eleusinas. Iambe pode ser considerada o feminino de Iambos, o iambo, com seu aspecto musical de canto satírico, poesia de escracho e irrisão. O efeito libertador de uma sexualidade desmedida, comparável ao monstruoso por seu caráter anômico, opera na e pela linguagem: piadas ofensivas, chacotas obscenas, brincadeiras

---

4 Cf. Herondas, *Mimos*, VI, 19.
5 Apolodoro, *Biblioteca*, I, 5, 1; cf. as três *Graiai*, irmãs das górgonas.
6 *Aiskhrología*: dizer coisas feias e vergonhosas. Sobre o *gephurismós*, cf. Hesíquio, s.v. "*gephurís*", "*gephuristaí*"; sobre a troca ritual de ofensas e caçoadas entre as mulheres nas Tesmofórias, cf. Parke, *Festivals of the Athenians*, p. 86-7.

escatológicas, tudo o que o grego compreende por *skóptein* ou *paraskóptein pollá*. Na segunda versão, Baubo toma o lugar de Iambe e emprega os mesmos procedimentos no plano visual; substitui as palavras pela encenação, mostra as coisas, em vez de nomeá-las. Quando exibe seu sexo despudoradamente, imprimindo-lhe uma espécie de movimento, Baubo faz aparecer nele o rosto risonho do menino Iaco, cujo nome evoca o grito dos mistas (*iákhō, iakhé*), mas também é parente do *khoiros*,[7] o bácoro e, é claro, o sexo feminino.[8]

Frontalidade, monstruosidade: essas duas características colocam o problema das origens do esquema plástico da Górgona. Foram procurados antecedentes no Oriente Próximo, no mundo creto-micênico, sumero-acadiano.[9] Foram propostas comparações com a figura do Bes egípcio e, sobretudo, como o demônio Humbaba, da forma como a arte assíria o representa.[10] Esses estudos, a despeito do interesse que apresentam, não enfocam aquilo que nos parece essencial: a especificidade de uma figura que, quaisquer que sejam os empréstimos ou as transposições, projeta-se como uma criação, muito distinta dos antecedentes invocados. É impossível captar sua originalidade fora das relações que a atrelam, no seio

---

7 Ateneu, *Dipnosofistas*, III, 98d.
8 Cf. em especial, em Aristófanes, *Os Acarnânios*, toda a passagem 764-817.
9 Goldman, "The Asiatic Ancestry of the Greek Gorgon", p.1-23; Marinatos, "Gorgones kai gorgoneia", p.7-41; Will, "La décollation de Méduse", p.60-76.
10 Hopkins, "Assyrian Elements in the Perseus-Gorgon Story", p.341-53; "The Sunny-Side of the Greek Gorgon", p.25-35.

do arcaísmo grego, a práticas rituais, a temas míticos, enfim, a uma Potência sobrenatural que se manifesta e se afirma, ao mesmo tempo que se constrói e se fixa o modelo simbólico que a representa na forma particular da máscara gorgônea.

Nesse sentido, as tentativas de Jane Harrison de apoiar-se em analogias figurativas entre harpias, erínias e górgonas para associá-las a um mesmo fundo religioso "primitivo", e convertê-las numa espécie distinta de "Kéres", espíritos nefastos, sujos, quiméricos, parecem absolutamente inúteis.[11] Não é um bom método juntar figuras distintas em uma mesma categoria vaga sem se preocupar com diferenças que, distinguindo-as claramente, conferem a cada uma significado próprio e lugar específico no sistema das Potências divinas. As erínias não têm asas nem máscaras; as harpias têm asas, mas não máscaras; apenas as górgonas, além das asas, apresentam uma fácies de máscara.[12] São mais sugestivas as afinidades, particularmente sublinhadas por Theodora G. Karagiorga, entre a Górgona e a Senhora dos Animais, a *Potnia*.[13] Existe certa parecença entre esses dois tipos de personagens, tanto quanto entre a representação figurada de suas semelhanças, ou ao menos de seus paralelos, que não se pode ignorar. Sob certos aspectos, Gorgó aparece como a face sombria, o anverso

---

11 Harrison, "The Demonology of Ghosts and Sprites and Bogeys", em *Prolegomena to the Study of Greek Religion*, cap. 5, p.163-256.
12 Cf. Ésquilo, *Eumênides*, 48-51.
13 Karagiorga, *Gorgeiè Kephalé* (Origine et signification de la figure de la Gorgone dans le culte et dans l'art de l'époque archaïque).

sinistro da Grande Deusa, cuja herança caberá em especial a Ártemis. Mas, aqui também, a constatação das divergências, das dessemelhanças entre os dois modelos deveria nos poupar de uma assimilação pura e simples. Ainda resta compreender o essencial: por que e como os gregos elaboraram uma figura simbólica que, conjugando frontalidade e monstruosidade numa forma singular, distingue-se nitidamente de todas as outras, sendo imediatamente reconhecível por aquilo que é, a face da Górgona?

Para ilustrar essas perspectivas um tanto abstratas, apresentaremos um exemplo. No vaso François (c. 570 a.C.), todos os deuses são representados numa espécie de repertório; todos estão de perfil, com exceção de três personagens: a Górgona, representada na face interna das asas; Dioniso, que carrega uma ânfora nos ombros; e Calíope, uma das Musas. No caso de Górgona e Dioniso, cujo rosto é tratado como máscara, a frontalidade não nos causa surpresa, de certa forma é esperada. No caso de Calíope, a frontalidade seria problemática se a musa não estivesse representada no séquito divino tocando a siringe, isto é, aquela flauta rústica também conhecida como flauta de Pã. Ora, dando continuidade às observações de Paul M. Laporte sobre essa questão,[14] mostraremos que soprar uma flauta significa, por inúmeras razões, imitar a expressão de Gorgó. As górgonas pintadas nas asas do vaso correspondem, externamente, às imagens da Senhora dos Animais.

---

14 Laporte, "The Passing of the Gorgon", p.57-71.

Os dois tipos de Potência são plasticamente associados e, ao mesmo tempo, contrapostos. O contraste entre elas é atestado em vários níveis. Primeiro, e sobretudo, as górgonas estão de frente, as Damas das Feras estão de perfil, como os outros deuses ou heróis representados no vaso. Além do mais, as górgonas estão correndo, os joelhos estão flexionados; as Damas estão em pé, imóveis, eretas, em atitude hierática. As górgonas vestem túnica curta, as Damas, túnica longa que lhes cobre os pés. O cabelo espetado das primeiras contrasta com o das segundas, normalmente amarrado com uma faixa por sobre os ombros. O valor de máscara do rosto gorgôneo é acompanhado, na imagética, de toda uma série de marcas que indicam inequivocamente suas diferenças em relação ao modelo da *Potnia*, a Senhora das Feras.

Estudos iconográficos deveriam explorar esse entrelaçamento de marcas e estabelecer a combinatória de elementos significativos da imagem, de sua inter-relação no interior das diversas séries homogêneas, determinadas em função do local de origem, da natureza dos objetos e dos temas representados. Não sendo arqueólogo, posso apenas assinalar a posição que certos animais (serpentes, mas também lagartos, pássaros, animais bravios e até mesmo hipocampos), e especialmente o cavalo, ocupam na imagética relativa a Gorgó. Nas representações figuradas, o cavalo – ou os cavalos, quando são dois em simetria – associa-se à Górgona ora como parte dela, como um prolongamento ou emanação, ora como o filhote que ela alimenta e protege, ora como a prole que ela põe no mundo e usa como montaria, ora como o cavalo Pégaso, que salta do pescoço decepado da Górgona no momento em que ela morre – seguindo a linha do mito de Perseu. Em relação à parecença da Górgona com o cavalo, há, pois, um excesso e um transbordamento na imagética em comparação com a lenda.

4
Uma face de terror

Mas vejamos os textos para, a partir das indicações que trazem dos mitos e dos elementos do ritual aparentados à Górgona, esclarecer a personalidade, os modos de ação, os domínios de intervenção e as formas de manifestação da Potência como máscara.

Desde Homero já existia o teatro no qual a Górgona faria sua estreia e representaria seus diferentes papéis. Na *Ilíada*, a cena é de guerra. A Górgona aparece na égide de Atena e no escudo de Agamêmnon; por outro lado, quando Heitor gira os cavalos, espalhando morte na multidão, "seus olhos têm o olhar da Górgona". Nesse contexto de confronto implacável, a Górgona é uma Potência de Terror, associada a "Pânico, Derrota, Perseguição que gelam o sangue". Mas esse terror encarnado por ela, e que de certo modo ela mobiliza, não é "normal", não nasce daquela situação específica de perigo. É pavor em estado puro, é o Terror como dimensão do sobrenatural. Com efeito, esse medo não é secundário ou motivado, como aquele que é provocado pela consciência do perigo. É um medo primário. Por si mesma e de imediato, a Górgona provoca pânico, porque se exibe no campo de batalha como um prodígio (*téras*), um monstro (*pélōr*) em forma de cabeça (*kephalḕ*), terrível e assustadora de ver e ouvir (*deinḕ te smerdnḕ te*), uma cara de olhar terrível (*blosurṑpis*) que lança um olhar de terror (*deinòn derkoménē*). Máscara e olhar gorgôneos, se nos restringirmos à *Ilíada*, operam num contexto muito bem definido; eles aparecem integrados aos apetrechos, à mímica, à feição do guerreiro (homem ou deus) possuído pelo *ménos*, pela fúria guerreira; de certo modo, eles concentram esse poder de morte que emana da pessoa do combatente armado e prestes a manifestar um extraordinário vigor em combate, a fortaleza (*alkḕ*) que o habita. O fulgor do olhar da Górgona atua em comunhão com o brilho do bronze luzidio cujo clarão sobe da armadura e do capacete do guerreiro até os céus e semeia o pânico. A boca distendida do monstro evoca o formidável grito de guerra que Aquiles, refulgindo da chama que Atena faz arder em sua cabeça, lança três vezes antes do combate. "Como se fosse a voz retumbante que sai da trombeta", essa "voz implacável", na boca do Eácida, foi suficiente para fazer estremecer de terror as linhas inimigas.[1]

Não é necessário concordarmos com a tese de Thalia Phillies Howes,[2] que associa *Gorgṑ*, *gorgós*, *gorgoûmai* ao sânscrito *garg*́, para reconhecer as conotações sonoras da máscara da

---

[1] Homero, *Ilíada*, 18, 214-221. Sobre Gorgó, na *Ilíada*, cf. 5. 738 et seq.; 8, 348 e 11, 36-7.

[2] Howes, "The Origin and Function of the Gorgon-Head", p.209-21. Com o nome de Thalia Feldman, a autora desenvolveu e estendeu sua análise em: "Gorgo and the Origins of Fear", p.484-94.

Górgona. Howes escreveu: "Está claro que algum som terrífico era a força que originalmente estava por trás da Górgona: um som gutural, um urro de animal que brotava com força da garganta, exigindo uma boca distendida". Nossas observações serão mais limitadas e mais específicas.

Sabemos por intermédio de Píndaro[3] que saía um gemido agudo (*eriklágtan góon*) das mandíbulas ligeiras das górgonas enquanto perseguiam Perseu, e que esses gemidos brotavam tanto da boca de mocinhas das górgonas como da horrível cabeça das serpentes associadas a elas. Esse gemido agudo, inumano (*klázō, klaggḕ*) é o mesmo que os mortos emitem no Hades (*klaggḕ nekúōn*).[4] Teremos ocasião para voltar a falar da importância dessas conotações auditivas. Mas para sublinhar a ligação da máscara da Górgona com a mímica facial do combatente tomado pelo frenesi guerreiro, tanto no registro visual quanto no sonoro, enfatizamos aqui um detalhe significativo. Entre os elementos que tornam a personagem do guerreiro aterrorizadora, afora o grito formidável, o clarão do bronze e as chamas que brotam de seu olhos e cabeça, o texto da *Ilíada* acrescenta, no caso de Aquiles, uma nota que já chamava a atenção de Aristarco: o bater ou o ranger dos dentes (*odóntōn kanachḕ*). Françoise Bader esclareceu o sentido desseríctus sonoro, relacionando-o, por meio de paralelos com a lenda irlandesa, à imagem do guerreiro indo-europeu reconstituído

---

3 Píndaro, *Píticas*, 12, 6 et seq.
4 Homero, *Odisseia*, 11, 605.

por Georges Dumézil.[5] Ora, no *Escudo de Héracles*, ao evocar "as cabeças das terríveis serpentes" que espalhavam terror (*phobéeskon*) nas tribos dos homens, Hesíodo repete no verso 164 a expressão homérica: "O bater de seus dentes ecoava" (*odóntōn kanakhḕ pélen*); e no verso 235, referindo-se às serpentes da cabeça das górgonas que corriam ao encalço de Perseu, escreveu que esses monstros "dardejavam a língua, rangiam os dentes de fúria [*ménei d'ekhárasson odóntas*], lançando olhares selvagens". Refulgindo em armas, soltando raios de fogo pelos olhos, quando Aquiles fecha a cara, bate as mandíbulas, lança um grito de guerra inumano à maneira da Atena Porta-Égide,[6] o herói furioso, possuído pelo *ménos*, apresenta uma face de máscara da Górgona.

Brilho resplandecente das armas, clarão insuportável da cabeça e dos olhos, violento grito de guerra, ríctus e ranger de dentes... Há ainda outro elemento que aproxima a face monstruosa da Górgona do guerreiro tomado pelo *ménos*: a fúria da carnificina. Poderíamos classificá-lo na categoria dos efeitos da cabeleira. Quando for mister esclarecer o lugar do cavalo no bestiário intimamente relacionado a Gorgó e apontar as afinidades equinas da Medusa, teremos de assinalar os valores do adjetivo *gorgós* aplicado ao cavalo. Esse termo é o mesmo que Xenofonte emprega para caracterizar o aspecto que os longos cabelos davam aos jovens guerreiros lacedemônios. Para

---

[5] Dumézil, "Rhapsodies homériques e irlandaises", p.61-74.
[6] Cf. Píndaro, *Olímpicas*, 6, 37.

os jovens que estão saindo da efebia, não cortar o cabelo não é escolha pessoal ou sinal de vaidade; é, para uma faixa de idade inteira, uma obrigação rígida, a marca e a consagração de seu estado: "Aos que estavam saindo da efebia, Licurgo ordenou que usassem cabelos compridos, com a intenção de que dessa forma parecessem maiores, mais nobres, mais terríveis, *gorgotérous*".[7] Plutarco confirma e emenda Xenofonte:

> Nessas ocasiões, relaxavam o extremo rigor da *agogē* dos jovens. Não impediam que cuidassem de sua cabeleira, enfeitassem suas armas e adornassem suas roupas: era um prazer vê-los como cavalos, pateando e rinchando à medida que se aproximava o combate. Usavam o cabelo comprido a partir da idade da efebia, mas diante do perigo cuidavam dele com especial esmero; faziam-no brilhar e repartiam-no em dois. Recordavam-se de Licurgo, que dizia que os cabelos longos tornam os belos de mais nobre aparência e os feios mais terríficos, *phoberotérous*.[8]

Uma glosa nos informa o nome que se dava a essa operação para dar brilho às longas cabeleiras: "*Xanthízesthai*: entre os lacedemônios, cuidar do cabelo. Na Ática, pintar o cabelo".[9] *Xanthós* é louro, no sentido de dourado, com valor de "cintilante", como no caso do ouro e do fogo. *Xanthós* é diferente de *khlōrós*, amarelo esverdeado, com certa nuance de palidez ou fraqueza: do medo (*déos*) também se diz que é *khlōrós*. *Xanthós* também é nome de cavalo, cavalo guerreiro e divino. Um

---

7 Xenofonte, *A República dos lacedemônios*, 11, 3.
8 Plutarco, *Vida de Licurgo*, 22.
9 Bekker, *Anecdota Graeca*, p.284.

dos cavalos de Aquiles, filho de Zéfiro e Podargo, chama-se Xanto. Tem o mesmo nome o cavalo de Cástor, aquele dos dois Dióscuros que representa o jovem e o cavaleiro. Entre os macedônios, o termo designa a festa de purificação da cavalaria, as *Xanthicá*, durante as quais se faziam sacrifícios ao deus *Xantos*.[10] Existe certa relação entre a crina revolta dos cavalos de guerra e o louro acobreado do cabelo que o jovem guerreiro, recém-saído da efebia, faz balançar ao vento como uma crina.

Em *Vida de Lisandro*, Plutarco assinala – e rechaça – uma interpretação, propagada por Heródoto,[11] segundo a qual o costume lacedemônio de usar cabelos longos estava relacionado à batalha na qual se enfrentaram dois batalhões de elite de trezentos combatentes cada, a nata da juventude guerreira das cidades de Argos e Esparta, que disputavam entre si o domínio da Tireátide. Os argivos foram vencidos. "A partir dessa data", escreve Heródoto, "os argivos rasparam a cabeça, embora o costume os obrigasse a ter o cabelo longo [...]. Os lacedemônios, que até essa batalha usavam cabelos curtos, promulgaram uma lei oposta e começaram a usar cabelo comprido".[12] Plutarco protesta contra a explicação que relaciona o costume dos espartanos à vontade dos vencedores de se distinguir dos vencidos:

---

10 Hesíquio, s.v. "*Xanthica*"; *Suda*, s.v. "*enagizōn*".
11 Heródoto, *História*, I, 82; cf. Platão, *Fédon*, 89c.
12 Heródoto, I, 82.

> Não é verdade que os espartanos, vendo os argivos cortar o cabelo em sinal de luto após a séria derrota que haviam sofrido, deixaram crescer o deles para ressaltar a sua vitória e fazer o oposto dos seus inimigos [...]. Trata-se de uma instituição de Licurgo que dizia que todo cabelo longo torna mais esplêndida a beleza e mais assustadora a feiura.[13]

Todavia, quando consideramos menos o fundamento "histórico" que Heródoto tenta dar à regra lacedemônia e mais a relação de oposição entre cabelo raspado, vergonha da derrota, luto, e cabelo comprido, vitória, celebração, concluímos que essas duas explicações não são contraditórias. A beleza viril do guerreiro, realçada por uma cabeleira longa e esvoaçante, contém um aspecto "terrífico" cujo efeito no campo de batalha é, no sentido ativo do termo, um "sinal" de vitória, assim como o cabelo raspado, somado a outras manifestações de luto, é uma forma ritual que, ao humilhar, ao enfear o rosto dos vivos, permite aproximá-los, durante as cerimônias fúnebres, do mundo sem força e sem brilho dos fantasmas para onde migra o defunto cuja morte é pranteada.

O contraste entre cabelo longo e cabelo curto pode esclarecer, talvez, um outro costume lacedemônio. Em Esparta, conservou-se a tradição do rapto da mulher para se casar: "A moça raptada era entregue nas mãos de uma mulher a que se dava o nome de *nympheútria*, e que lhe raspava o cabelo e lhe punha roupas e sapatos de homem".[14]

---

13 Plutarco, *Vida de Lisandro*, 1, 2.
14 Id., *Vida de Licurgo*, 15, 5.

Ninguém há de negar que se tratava de um rito de passagem, com dissimulação e inversão do estatuto sexual. Mas isso não é tudo nem o principal, pois o rapaz, tornando-se homem feito ao sair da efebia – do mesmo modo que a moça se torna mulher feita ao entrar no matrimônio –, conserva o cabelo longo em sinal de virilidade plena, uma virilidade que até em sua formação hoplítica guarda a recordação e, por assim dizer, o traço da "fúria" que, nos tempos heroicos, devia habitar a alma do jovem guerreiro para semear o terror no campo inimigo. Raspando a cabeça da noiva, extirpa-se o que talvez ainda haja de macho e guerreiro em sua feminilidade, de selvagem em seu estado matrimonial. Evita-se introduzir no lar, sob a máscara da esposa, o rosto de Gorgó.

Hesíquio observa que o menino ou a menina não civilizados, não integrados, eram chamados *pōlos* em Esparta. *Pōlos* é o cavalo ou égua jovem, potro ou potra. Em *Lisístrata*, Aristófanes evoca as *kórai*, as jovens virgens de Esparta: "Como as potras, as moças saltitam apressadas ao longo do Eurotas, levantando poeira; as cabeleiras se agitam como a das bacantes, brandindo o tirso e divertindo-se".[15]

A selvageria do guerreiro manifesta-se na cabeleira longa e esvoaçante, como a crina de um cavalo. A selvageria da jovem manifesta-se no cabelo solto, que a iguala à potranca em liberdade. O ritual da cabeça raspada, para a recém-casada, compreende esses dois simbolismos contrários que se fortalecem

---

15 Aristófanes, *Lisístrata*, 1308 et seq.

na mesma medida em que se opõe, porque a noiva, ao mesmo tempo que precisa distinguir-se da *parthénos* para ingressar no estado conjugal, também deve diferenciar-se nitidamente do noivo.

Raspando o cabelo da recém-casada, não apenas se domestica a potranca não domada, como também se expulsa dela o inquietante elemento de selvageria que Atena e Ártemis, as duas virgens excluídas do matrimônio, conservam dentro de si, cada uma a sua maneira: Atena, a guerreira, pela cara da Górgona estampada no peito; Ártemis, a curótrofa, a selvagem, pelo lado gorgôneo de sua personagem e pelas máscaras que são usadas nos ritos de iniciação presididos por ela.

Com a *Odisseia*, a cena muda. Passa de guerreira a infernal. Os lugares subterrâneos, o domínio da Noite, nem por isso são um mundo de silêncio. No canto 11, Ulisses conta a sua chegada ao Hades;[16] da multidão de mortos reunidos ouve-se "um prodigioso clamor" (*ēkhḗ thespesíē*). "Tomou-me o medo atroz", explica o herói, "de que do fundo do Hades a nobre Perséfone me enviasse a cabeça gorgônea do monstro terrífico" (*gorgeíēn kephalḕn deinoîo pelṓrou*).[17] Ulisses sai imediatamente dali. A terra dos mortos é o lar da Górgona, e ela proíbe que os vivos entrem nele. Seu papel é simétrico ao de Cérbero: a Górgona impede os vivos de penetrar no reino dos mortos; Cérbero

---

16 Homero, *Odisseia*, 11, 632 et seq.
17 Ibid.

impede a morte de retornar ao mundo dos vivos.[18] Assim como Homero, Aristófanes situa as górgonas no Hades, ao lado de Cérbero, Estige e Equidna. Apolodoro conta que, diante de Héracles descido aos Infernos, todas as *psukhaí* fugiram, exceto Meleagro e a górgona Medusa.[19] Do fundo do Hades onde habita, a cabeça da Górgona observa, vigia atentamente as fronteiras do reino de Perséfone. Sua máscara exprime e preserva a alteridade radical do mundo dos mortos, do qual não podem se aproximar os vivos. Para transpor a fronteira, é preciso ter encarado a face de terror e, sob o seu olhar, ter se transformado na própria imagem da Górgona, no que são os mortos: cabeças, cabeças vazias, sem força, sem ardor, *nekúōn amenenà kárēna*, como diz Homero.[20]

O rosto dos vivos, pela singularidade de seus traços, é um dos elementos da pessoa. Na morte, porém, essa cabeça à qual nos reduzimos, essa cabeça inconsistente e sem forças, à semelhança da sombra ou do reflexo do homem no espelho, perde-se na escuridão, encapuzada de trevas. É uma cabeça vestida de trevas que, no reino das sombras, se parece com o rosto sob a luz do sol que certos heróis cobrem com o capacete de Hades para se fazer imperceptível aos olhos dos vivos, como fez Perseu. O *áidos kunéē*, o capuz de pele de cão que cobre a

---

18 Hesíodo, *Teogonia*, 770-3.
19 Aristófanes, *As rãs*, 477; Apolodoro, *Biblioteca*, II, 5, 12.
20 Homero, *Odisseia*, 10, 521 e 536; 11, 29 e 49. Cf. Onians, *The Origins of European Thought*, p.98 et seq.

cabeça do infernal Hades, "contém as trevas lúgubres da Noite",[21] segundo Hesíodo. Ele envolve toda a cabeça como uma nuvem sombria; ele mascara, tornando aquele que a usa invisível aos olhares, como se fosse um morto.

As afinidades infernais da Górgona orientam a nossa pesquisa em duas direções. Em primeiro lugar, elas nos tornam propensos a fazer um desvio pelos etruscos e abrir um parêntese para a tese de Franz Altheim,[22] retomada e modificada em especial por Agnello Baldi[23] e J. H. Croon.[24] Recordando a derivação do latim *persona* (máscara, papel, pessoa) a partir do etrusco *Phersu*, Altheim estabeleceu equivalência entre esse *Phersu* etrusco e o *Perseus* grego, assim como entre *Phersipnai* e *Perséfone*. *Phersu* aparece em dois afrescos da chamada Tumba dos Augúrios, na Tarquinia (c. 530 a.C.). Numa das paredes laterais da câmara mortuária, dois lutadores se confrontam. Um usa máscara que lhe esconde o rosto e uma barba branca que parece postiça. Uma inscrição o identifica como *Phersu*, que, portanto, significaria: homem mascarado, aquele que usa máscara. O lutador mascarado segura uma corda enrolada nas pernas e nos braços do seu adversário. Uma ponta da corda está amarrada na coleira de um cão, que morde a perna esquerda desse segundo lutador; com a destra, este segura uma clava, e um pano branco envolve a sua cabeça. Escorre

---
21 Hesíodo, *O escudo de Héracles*, 226.
22 Altheim, "Persona", p.35-52.
23 Id., "Perseus et Phersu", p.131-5.
24 Croon, "The Mask of the Underworld Daemon", p.9 et seq.

sangue de suas feridas. A mesma dupla de personagens está representada na parede em frente. O homem mascarado não está mais com a trela nem com o cão. Ele foge açodadamente, enquanto seu adversário o persegue; está com a cabeça virada para ele, o braço direito estendido na sua direção e a mão para cima. A interpretação dessas duas cenas não é fácil, e nenhuma explicação parece satisfatória. Para Altheim, trata-se de uma luta ritual até a morte, parte de uma competição fúnebre em homenagem ao defunto. O termo *Phersu* designa o Mascarado que celebra a cerimônia. Para J. H. Croon, a máscara é uma maneira de representar o espírito da morte nas competições fúnebres; durante uma dança ritual, o Mascarado imita e materializa a Potência do Além-Túmulo, como faz Perséfone por intermédio da máscara da Górgona, que preside o mundo infernal. Para Richard B. Onians[25] as cenas têm um sentido diferente: o lutador armado com a clava e atacado pelo cão é Héracles descido aos Infernos; assim, *Phersu* deve ser interpretado como Hades, derrotado e posto para correr. Para Agnello Baldi, *Phersu*, Perseus e Hades são a mesma divindade. De todo modo, nos murais etruscos de Orvieto e Corneto, Hades é representado como uma touca de pele de lobo ou cão, que evoca tanto a *kunéiē* usada por Perseu quanto a máscara de *Phersu*.

O segundo caminho percorre terrenos mais firmes. O objetivo é seguir Hesíodo naqueles confins do mundo onde a

---

25 Onians, *The Origins of European Thought*, nota 1, p.429.

Teogonia situa as górgonas e as associa a toda a linhagem de monstros aparentados a elas. As górgonas fazem parte da descendência de Fórcis e Ceto, cujo nome evoca ao mesmo tempo uma enormidade monstruosa e os abismos cavernosos das profundezas do mar ou da terra. Com efeito, todos os filhos do casal têm em comum, além da monstruosidade, o fato de habitar "longe dos deuses e dos homens", nas regiões subterrâneas, além do Oceano, nas fronteiras da Noite, com frequência servindo de guardiões, ou até mesmo de espantalhos, e barrando o acesso a lugares proibidos. Fruto da união de Ponto e Gaia, Fórcis e Ceto geraram primeiro as *Graíai*, as virgens grisalhas de nascença, que juntam em si o jovem e o velho, o viço da beleza e as rugas de uma pele que lembra a película que se forma na superfície do leite resfriado e cujo nome é precisamente *graûs*, pele enrugada.[26] A primeira das Greias hesiódicas chama-se *Pemphrēdṑn*, uma espécie de vespa voraz que perfura cavidades sob a terra.[27] A segunda chama-se *Ényō* e evoca a senhora dos combates e o grito violento de guerra, o brado agudo (*alalḕ*) que se dá em homenagem a Eniálio.[28] Irmãs das três górgonas, cujo grupo une o mortal e o imortal,[29] as Greias

---

26 Aristóteles, *Da geração dos animais*, 743b 6; Ateneu, *Dipnosofistas*, 585c.
27 Id., *História dos animais*, 623b 10 e 629a 22.
28 Xenofonte, *Anabase*, 1, 8, 18 e 5, 2, 4; Heliodoro, *As Etiópicas*, 27, 4-5.
29 As duas irmãs de Medusa são imortais. Perseu mata Medusa, mas a cabeça do monstro, depois de decapitada, mantém o seu poder nefasto: ela transforma em pedra quem a olha, para toda a eternidade, como já fazia Medusa quando era viva.

habitam além das fronteiras do mundo, do lado da Noite, na terra das Hespérides de voz estridente (*ligúphōnoi*). A Górgona mortal, cujo nome é Medusa, une-se a Poseidon num campo macio de flores primaveris, semelhante ao campo onde Hades raptou a jovem Koré para transformá-la em Perséfone. Quando Perseu cortou a cabeça de Medusa, saíram do pescoço dela Crisaor e o cavalo Pégaso, que voou para o céu. Crisaor gerou Gerião, o de três cabeças, que faz ressoar a sua voz (*gērúō*) e retumbar um *gèruma* como o *hupértonon gèruma*, o grito hiperagudo produzido pela trombeta penetrante de Etrúria.[30] Gerião associou-se a uma das crias da terceira ninhada de Fórcis e Ceto, a atroz Equidna, metade mulher, metade serpente, que habita as profundezas ocultas da terra, longe dos deuses e dos homens. Entre outros monstros, Equidna deu à luz dois cães rosnadores e ladradores, simétricos um ao outro: Ortro, o cão de Gerião, e Cérbero, o cão de Hades, a besta de cinquenta cabeças e "voz brônzea" que guarda as moradas retumbantes (*dómoi ēchèentes*) do mestre e de Perséfone, a Temível. Nessas mesmas regiões do Inferno, nesses domínios da Treva e do Terror, correm as águas do Estige, o grande juramento dos deuses. As divindades que cometem perjúrio recebem dessa água primordial (*húdōr ōgúgion*) o equivalente a uma morte para os que não estão sujeitos a ela, os Imortais: um *kôma* temporário que os envolve, priva de ar e voz durante um ano, do mesmo modo que o falecimento envolve a cabeça

---

30 Ésquilo, *Eumênides*, 569.

dos homens para sempre de escuridão. Nesse sentido, o Estige é para os deuses o que Gorgó é para as criaturas humanas: um objeto de horror e medo. Do mesmo modo que o Estige é *stugerè athanátoisi* (o horror dos Imortais),[31] as górgonas, que nenhum ser humano podia mirar e sobreviver, são *brotostugeîs* (o horror dos mortais).[32] Estige é também o mocho, o duplo sinistro da coruja, pássaro nefasto, caracterizado pela enorme cabeça, pelo olhar maligno e pelo grito noturno.[33]

Nas paragens infernais, Treva, Pavor, aspectos e gritos monstruosos associam-se para manifestar a "alteridade" de Potências estranhas tanto ao domínio das divindades celestes como ao mundo dos homens, com estatuto completamente separado de seres com os quais, como diz Ésquilo a propósito das velhas mocinhas ancestrais (*graîai palaiaì paîdes*), não se metem nem o deus, nem o homem, nem o animal.[34]

Os sons assustadores são parte tão integral desse universo a que pertencem as górgonas que, na passagem do *Escudo* que fala da perseguição, Hesíodo acrescenta indicações auditivas às indicações puramente visuais com as quais descreve a ornamentação do escudo de Héracles: sob os pés das górgonas, o escudo ressoava com grande estrondo, alto e estridente

---

31 Hesíodo, *Teogonia*, 775.
32 Ésquilo, *Prometeu acorrentado*, 799.
33 Hesíquio, s.v. "*stux*"; Antonino Liberal, *Metamorfoses*, 21, 5; Ovídio, *Fastos*, VI, 33.
34 Ésquilo, *Eumênides*, 68.

(*iákheske sákos megáloi orumagdôi oxéa kaí ligéōs*).³⁵ As únicas outras indicações sonoras do texto referem-se, como vimos, ao bater das mandíbulas das serpentes que aterrorizam os humanos ou das que se enroscam na cintura das górgonas.

Na linhagem de monstros nascidos de Fórcis e Ceto, o lugar de honra é reservado às serpentes. Os sons estridentes emitidos pela goela das górgonas ou modulados pelas mandíbulas ligeiras são exatamente os mesmos das serpentes rangendo e batendo os dentes em uníssono. A serpente, o cão e o cavalo são as três espécies de animais cujas forma e voz entram mais especialmente na composição do "monstruoso". Enquanto a "voz brônzea" de Cérbero (*khalkeóphōnos*) ressoa nas moradas de Hades, as erínias, quando Ésquilo as compara às górgonas, emitem grunhidos e rosnados estridentes (*oigmós, muganiòs oxús*); elas rosnam (*múzō*), como "rosna" nos Infernos o longo gemido dos homens supliciados;³⁶ elas "soltam a voz como um cão",³⁷ diz o poeta trágico, e o termo empregado (*klaggaínō*) lembra a *klaggḗ* dos mortos na *Odisseia*, como o gemido estridente (*eriklágktēs*) das górgonas e de suas serpentes.³⁸

O cavalo, pela maneira de se comportar e pelos sons que emite, também pode representar a presença inquietante de uma Potência dos Infernos manifestando-se sob a forma animal. Ao nervosismo, à tendência a desembestar de repente em

---

35 Hésiode, *O escudo de Héracles*, 232-3.
36 Ésquilo, *Eumênides*, 117 e 189.
37 Ibid., 131.
38 Homero, *Odisseia*, 11, 605; Píndaro, *Píticas*, 12, 38.

consequência de um terror súbito, como o terror provocado pela Potência demoníaca de Taráxipo, o Terror dos cavalos (*tò tôn híppōn deîma*),[39] a agitar-se e tornar-se bravio a ponto de devorar carne humana, a estremecer, babar e transpirar uma espuma branca, devemos acrescentar o relincho, o barulho dos cascos pateando a terra, o ranger surdo dos dentes (*brugmós*) e o ruído sinistro dos freios entre as mandíbulas, provocando terror ao chamar a morte.[40] No vocabulário equestre, *gorgós* tem significado quase técnico. Para o cavalo, *gorgoûmai* significa bater os cascos com impaciência. Xenofonte observa, em *A arte equestre*, que é terrível olhar para o cavalo nervoso, impetuoso (*gorgós ideîn*); que suas ventas dilatadas o fazem *gorgóteros*; que, quando se juntam em manadas, os cavalos parecem mais ardentes e fogosos (*gorgôtatoi*) por causa das pateadas, dos bufidos e dos relinchos multiplicados pelo grande número.[41]

---

39 Pausânias, VI, 20, 15.
40 Ésquilo, *As suplicantes*, 123 e 208.
41 Xenofonte, *Da arte equestre*, 10, 17; cf. também 1, 10 e 14; 11, 12.

5
A FLAUTA E A MÁSCARA. A DANÇA DE HADES

Alguns instrumentos musicais, empregados com propósitos orgíacos para causar delírio, fazem parte dessa gama de sonoridades infernais. O efeito de Pavor que produzem nos ouvintes é mais intenso porque músicos e instrumentos ficam ocultos, os sons não parecem emanar deles, mas surgir diretamente do invisível, brotar do além, como a voz mascarada de uma Potência além-túmulo, o eco vindo de um longínquo alhures e ressoando misteriosamente aqui. Um fragmento dos *Edones* de Ésquilo, citado por Estrabão, é significativo a esse respeito:

> Um segura a bombarda, obra feita no torno, sopra a melodia tocada com os dedos, alarido que causa delírio; o outro faz ressoar os címbalos de bronze; a corda dedilhada vibra e, de algum lugar invisível, simulações terríficas de vozes de touros mugem surdamente [trata-se do *rhómbos*]; o eco do tamboril, como um trovão subterrâneo, traz um profundo pavor.[1]

Entretanto, de todos os instrumentos musicais, é com a flauta, por sua sonoridade, por sua melodia, por sua técnica

---
1 Estrabão, *Geografia*, X, 3, 16.

de sopro e dedilhado, que a máscara da Górgona tem mais intimidade. A arte da flauta – tanto o instrumento como a maneira de tocá-la, a melodia tirada dela – foi "inventada" por Atena para "simular" os sons estridentes que ouviu da boca das górgonas e de suas serpentes. Foi, portanto, para reproduzi-los que ela inventou o canto da flauta, "que reúne todos os sons" (*pámphōnon mélos*).[2] Mas quem banca a górgona estridulante corre o risco de virar uma delas – tanto mais que essa *mímēsis* não é simples imitação, mas um "mimetismo" real, uma maneira de entrar na pele da personagem, de tomar sua máscara para si. Contam[3] que Atena, distraída soprando uma flauta, não fez conta da advertência do sátiro Mársias, que, vendo-a com a boca retesada, as bochechas infladas e o rosto deformado para tocar o instrumento, disse-lhe: "Esses modos não te convêm. Pega tuas armas, deixa a flauta e põe teus maxilares no prumo". No entanto, mirando-se nas águas de um rio e vendo que o reflexo que lhe exibia tal espelho não era o seu belo rosto de deusa, mas o ricto pavoroso de uma face gorgônea, Atena abandonou para sempre a flauta e exclamou: "Ao diabo, objeto vergonhoso, insulto ao meu corpo! Não me entregarei a essa baixeza". Assustada com "a deformidade que ofende a visão", renunciou ao instrumento que inventou com tanta inteligência. Mas o instrumento não se perdeu para todos. Mársias se

---

2 Píndaro, *Píticas*, 12, 6 et seq.
3 Aristóteles, *Política*, 1342b et seq.; Apolodoro, *Biblioteca*, 1, 4, 2; Ateneu, *Dipnosofistas*, 14, 616e-f; Plutarco, 456b et seq.

apropriou dele. A flauta se tornou a glória do sátiro, "animal que bate palmas", monstro cuja feia face se harmoniza com a melodia e o dedilhar do instrumento. A flauta foi a glória de Mársias e também a sua desgraça. Atena tocando a flauta rebaixava-se ao nível do monstruoso; seu rosto se degradava à semelhança de uma máscara gorgônea. Mársias tocando a flauta acreditava poder elevar-se ao nível do deus Apolo. Dizia que podia derrotá-lo numa competição de música. Mas a lira nas mãos de Apolo produz uma melodia que se harmoniza com o canto e a fala humana, fazendo-lhe o acompanhamento. Ao contrário, na boca imensa do sátiro, mesmo usando um pedaço de couro (*phorbeiá*) e uma testeira para moderar a intensidade do sopro e esconder os lábios distorcidos, a flauta dupla ou a flauta de Pã (*aulós* ou *sŷrinx*) não deixam espaço para o canto ou a voz humana. No fim da disputa, Apolo é declarado vencedor: ele esfola Mársias vivo e pendura sua pele numa gruta na nascente do Meandro[4] – assim como Atena que, segundo algumas versões, cobre os ombros não com a máscara, mas com a pele esfolada da Górgona, à guisa de égide.[5]

O que nos ensinam essas narrativas sobre as afinidades entre a flauta e a máscara de terror?[6] Evidentemente, em primeiro

---

4 Heródoto, *História*, 7, 26; Xenofonte, *Anabase*, 1, 2.
5 Eurípides, *Íon*, 995-6; Apolodoro, op. cit., 1, 6, 2; Diodoro, *Biblioteca historica*, 3, 69.
6 Às duas versões da risada da Mãe, que rompeu o luto por intercessão de Iambe e Baubo, Eurípides acrescenta outra, diferente e instrutiva. Dessa vez, é a Mãe tomando uma flauta em suas mãos que ocupa, ao lado do címbalo e

lugar, que as sonoridades da flauta não são harmônicas com a palavra articulada, o canto poético, a locução humana. Em segundo lugar, que o rosto do flautista, deformado, contorcido, como o rosto da Górgona, é o de um homem possuído pelo furor, desfigurado pela ira, que, como observa Plutarco, deveria olhar-se num espelho, como fez Atena, para acalmar-se e recobrar o estado humano normal.[7] Mas os comentários de Aristóteles vão além. Se Atena rejeitou a flauta, diz ele, sem dúvida nenhuma é porque o instrumento deforma o rosto, mas também porque a flauta não contribui para o aprimoramento da inteligência. Ela é oposta à necessidade de nos instruirmos, porque nos impede de nos servir da palavra. E, sobretudo, a música da flauta não tem caráter ético, mas orgíaco. Ela age não na esfera da instrução (*máthēsis*), mas na da purificação (*kátharsis*), "pois tudo o que pertence ao transe báquico e aos estados oscilatórios desse tipo diz respeito à flauta, do ponto de vista instrumental". A flauta é por excelência, portanto, o instrumento do transe, do orgíaco, do delírio, dos ritos e das danças de possessão. Platão escreveu, referindo-se às mães que, para acalmar filhos difíceis de dormir, cantam e os embalam, em vez de ficarem em silêncio: "Como se, no sentido pleno da palavra,

---

do tamboril, o lugar da brincadeira obscena ou da exibição do sexo: "Então Cípris, a mais bela das deusas, fez soar pela primeira vez o bronze de voz infernal, tomou os tesos tamboris de couro; e a deusa mãe pôs-se a rir; encantada com o alarido, ela tomou em suas mãos a flauta de ruído profundo". Cf. Eurípides, *Helena*, 1338 et seq.

7 Plutarco, *Sobre a igualdade da alma*, 456a-b.

elas tocassem flauta diante dos filhos [*katauloûsi tòn paidíōn*] como diante de bacantes frenéticos [*ekphrónōn bakkheiṓn*] que se curam pelo movimento concomitante da dança e da música".[8] Fazer-se de bacante, fazer-se de coribante é ouvir ou acreditar ouvir flautas. A frase de Platão "os que se fazem de coribantes acreditam ouvir flautas"[9] é correlata das afirmações de Jâmblico: "Alguns extáticos ouvem flautas, címbalos, tambores ou melodias, e assim são no entusiasmo [*enthousiō̂ sin*] [...]. As flautas provocam ou curam paixões de perdição, algumas melodias conduzem ao transe [*anabakkheuésthai*], outras interrompem o arrebatamento [*apopauésthai tes bakkheías*]."[10]

Mas existem diversas maneiras de se fazer de bacante e não são sempre as mesmas divindades que se apropriam do fiel durante a possessão, passando-lhe a brida e o freio e cavalgando-o para praticar a cavalgada do delírio. O bacante de Dioniso, que a imagética associa às figuras das Mênades, com seu séquito exuberante de sátiros e silenos, é distinto daquele que Eurípides chama de "bacante de Hades" (*Háïdou bákkhos*)[11] e que o impudor da raiva furiosa, a *Lûssa*, obriga a dançar ao som da melodia do Pavor (*phóbos*). Que sinistro poder de enfurecimento é esse que toca na flauta "uma música delirante"? O poeta trágico responde: "A Górgona, filha da Noite, com suas víboras de cem cabeças barulhentas [*iakhḗmasin*], é Lissa de olhar

---

8 Platão, *Leis*, 7, 790d.
9 Id., *Críton*, 54d.
10 Jâmblico, *Sobre os mistérios*, 3, 9.
11 Eurípides, *Héracles*, 1.119.

petrificante".[12] Nessa dança que transforma Héracles no Terror em pessoa (terror que o possui e atormenta por dentro, terror que ele provoca ao seu redor) "não aparecem nem os tamboris nem o agradável tirso de Brômio. Ele quer sangue, não a libação báquica do suco da vinha".[13] Durante a crise frenética em que Héracles é possuído pelo Terror como potência sobrenatural, a música da flauta e o rosto do herói adquirem as feições pavorosas da máscara da Górgona: "Horrível, horrível é a música dessa flauta" (*dáion tóde dáion mélos epauleîtai*), canta o coro. Quanto a Héracles, assim que o transe se aproxima, "ele já sacode a cabeça e revira em silêncio as pupilas ensandecidas com olhares terríficos [*gorgōpoús kóras*]".[14] E mais adiante: "Com o rosto descomposto, revirava os olhos em que aparecia uma teia de veias de sangue e a baba escorria pela barba espessa [...]. Revirava olhos selvagens de górgona [*agriōpòn ómma Gorgónos*]".[15] Esse testemunho dado pela tragédia – e que nos permite compreender melhor os fenômenos de possessão, como apontou Henri Jeanmaire em seu *Dionysos* – pode ser comparado a vários textos. Segundo Xenofonte, os que estão possuídos por certas divindades "têm um olhar mais gorgôneo, uma voz mais assustadora, gestos mais violentos".[16] Nas *Leis*, Clínias interroga o ateniense sobre a natureza do mal que, de um lado, não deixa as crianças

---

12 Ibid., 884.
13 Ibid., 891-5; cf. Eurípedes, *Orestes*, 316-20.
14 Ibid., 868.
15 Ibid., 931 e 990.
16 Xenofonte, *Banquete*, 1, 10.

dormirem à noite e, de outro, enchem os bacantes de frenesi quando ouvem a flauta. Resposta do ateniense:

> Ter medo [*deimaínein*] é no que consiste tanto um mal como o outro, e tais terrores [*deímata*] procedem de uma fraqueza da alma. Quando a essas agitações se opõe um abalo externo, o movimento que vem de fora controla o movimento de pavor e de frenesi e, controlando-o, traz de volta a calma e a tranquilidade [...]. Toda alma que é atormentada desde a juventude por esses temores será cada vez mais sujeita a terrores pânicos.[17]

Em *Da doença sagrada*, Hipócrates enumera as divindades com as quais os homens costumam relacionar os tormentos que os afligem: "Aos que à noite têm terrores [*deímata*], pavores [*phóboi*], delírios [*paránoiai*], sobressaltos e fugas de casa, eles dizem que são investidas de Hécate e ataques de heróis [isto é, de mortos]".[18] Como Gorgó, com a qual é bastante parecida sob certos aspectos para, às vezes, ser chamada por esse nome,[19] Hécate, a que "envia os espectros"[20] e que o *Hino órfico* celebra como "aquela que se faz de bacante com as almas dos mortos", aparece aqui como Potência de Terror, vindo do outro mundo durante a noite para possuir os humanos sob a forma de um pavor que os deixa fora de si.

Segundo Platão, terrores desse tipo estão relacionados com a criança que existe no homem. Citando o medo infantil de

---
17 Platão, *Leis*, 7, 790e-791b.
18 Hipócrates, *Da doença sagrada*, IV, 31 et seq.
19 Hipólito de Roma, *Refutação de todas as heresias*, 4, 35.
20 Eurípides, *Helena*, 569.

que o vento sopre a alma e a faça dispersar-se quando deixa o corpo, sobretudo quando a brisa é forte, ele diz em *Fédon* que talvez "haja dentro de nós não sei que criança que tem medo desse tipo de coisa. Cuida para que essa criança, dissuadida por ti, não tenha da morte o mesmo temor que tem das *mormolúkeia*, dos bichos-papões".[21] Para expulsar tais temores, diz o Sócrates do diálogo, são necessários um bom feiticeiro e encantamentos diários até que a criança se acalme.

Esses textos,[22] por atribuírem nossos temores irracionais ao que resta de infantil em nós, nos fizeram recuperar o estudo de Erwin Rohde[23] e buscar nas superstições populares e no universo infantil a expressão dessa mesma Potência de Terror – terror como categoria do sobrenatural – que a máscara da Górgona parece encarnar, ora num contexto guerreiro, ora num registro infernal. Lâmia, Empusa, Gelos e sobretudo Mormo traduzem para o mundo infantil o que Gorgó representa para os adultos. O *mormolúkeion*, o espantalho, corresponde ao *gorgóneion*.

Para a criança, Mormo é uma máscara, uma cabeça. Como diz o *Hino a Ártemis* de Calímaco,[24] pode ser a cara suja de cinzas de Hermes que se transforma em rosto insólito, envolvido em trevas e sem traços reconhecíveis, para bancar Mormo e assustar as crianças, sendo equivalente, em razão dessa alteridade, à figura monstruosa de um ciclope, com seu olho

---

21 Platão, *Fédon*, 77e.
22 Cf. também Plutarco, *Moralia*, 1105b.
23 Rohde, *Psyché*, p.607-11.
24 Calímaco, *Hino a Ártemis*, 50 et seq.

gorgôneo e a algazarra que o acompanha, repercutida, amplificada e deslocalizada por um eco incomensurável. Em Teócrito,[25] Mormo não lembra mais o rosto do Ciclope, mas a cara do cavalo. Para assustar e fazer o filho se calar, a mãe diz: "Mormo, o cavalo morde!" (*dáknei híppos*). Esses monstros terríficos, representados como cabeças mascaradas que lembram o Ciclope ou o cavalo, são acusados de pegar as crianças, raptá-las, devorá-las, levá-las à morte. Eles têm parentesco com a morte; pertencem ao seu domínio, mesmo vagando entre os vivos. São como espectros, fantasmas, duplos, *eídōla*, *phásmata*, como aqueles que são enviados por Hécate e chamados de *Hecataîa*.[26] Quando um homem é possuído por *Lússa* e imita a Górgona com gestos, semblantes e gritos, ele próprio se torna uma espécie de dançarino dos mortos, um bacante de Hades. O terror que o agita, que o faz dançar sob a horrível melodia da flauta, vem diretamente do mundo infernal: é a força de um defunto, de um demônio vingador que o persegue por expiação ou vingança, um *alástōr*, uma pestilência criminosa, um *míasma* que pesa sobre os seus ombros ou foi herdado de sua raça. O autor do tratado *Da doença sagrada*, ao notar que magos, purificadores, sacerdotes mendicantes e outros charlatães dizem curar os tormentos que ele acaba de elencar com "purificações" e "encantamentos", observa que eles tratam os doentes "como portadores de *míasma*, como *alástoras*, *pepharmakeuménous*, sujos de

---

25 Teócrito, *Idílios*, XV, 40.
26 Escólios a Apolônio de Rodes, 3, 8-1.

sangue, vítimas expiatórias".[27] Eurípides vê as coisas da mesma forma: em *Orestes*, ele mostra o rapaz em delírio após assassinar Clitemnestra. O coro se dirige a ele para evocar "um *alástōr*, levando para dentro de casa o sangue da tua mãe, o sangue que suscita a tua demência" (*hò s'anabakkheúei*), ou seja, "quem te agita à maneira de um bacante".[28] Louis Gernet foi veemente quando frisou a ambivalência dos termos *alástōr, miástōr, alitéiros*, que se aplicam tanto ao fantasma daquele que, tendo morrido de morte violenta, persegue seu assassino para se vingar quanto ao criminoso que é objeto dessa perseguição. Uma mesma força demoníaca de terror engloba a ambos, unindo um ao outro. Porque ele próprio se sente perturbado, agitado, aterrorizado, o morto não consegue ficar em paz e "volta" para perturbar, agitar, aterrorizar aquele cujo espírito ele assombra, tornando-se ele próprio esse delírio, essa ira, esse Pavor do qual ele é ao mesmo tempo causa e vítima.[29]

---

27 Hipócrates, op. cit., IV, 37-9.
28 Eurípides, *Orestes*, 337-8.
29 Gernet, *Recherches sur le développement de la pensée juridique et morale en Grèce*, p.146 e 320. Sobre essa reciprocidade entre pavor e tormento (*phóbos, deíma, tarassô*) no fantasma da vítima e no assassino sujo de sangue, cf. Platão, *Leis*, 9, 865d-e: dizem que o homem morto de morte violenta "logo depois de morrer é incitado contra aquele que o matou e, ele próprio tomado de terror e pavor [*phóbou kaì deímatos*] em razão da violência que sofreu, não consegue olhar para o seu assassino [...] sem ser tomado de terror [*deimaínei*] e, sentindo-se ele próprio perturbado [*tarattómenos autós*], perturba [*taráttei*] tanto quanto pode o seu assassino, tomando a memória deste como aliada para atormentá-lo em sua alma e em seus atos".

6
As deusas-cabeças

Sobre a face monstruosa da Górgona temos apenas narrativas míticas e representações figuradas. Medusa não é objeto de culto para honrá-la, tampouco para esconjurá-la. Mas existem Potências temíveis na religião grega, aparentadas a Gorgó na medida em que se apresentam na forma de simples cabeças. No ritual, essas deusas-cabeças (*Praxidíkai*) são responsáveis por executar as vinganças e garantir as promessas. Segundo Hesíquio, Praxidique é um *daímōn* que leva as coisas a cabo, dá o remate, conclui, tanto por meio de palavras quanto de ações; por isso, suas imagens são cabeças e os sacrifícios dedicados a ela são também cabeças. Fócio e a Suda confirmam que dessa deusa só se erige a cabeça.[1]

Os aspectos ctônicos ou infernais de Praxidique são ressaltados num hino órfico.[2] Comparada a Perséfone, chamada a "mãe das Eumênides" (segundo Ésquilo,[3] o "rosto de terror"

---

1 Sobre a cabeça como remate, cf. Platão, *Górgias*, 505d; *Timeu*, 69a.
2 Orfeu, *Orphei Hymni*, 29, 5-6.
3 Ésquilo, *Eumênides*, 989-90.

das Eumênides [*phoberà prósôpa*] mostra claramente seu papel na cidade: encarnar o Pavor e o terrífico [*Phóbos* e *tò deinón*]), Praxidique é celebrada como a "soberana dos subterrâneos" (*katakhthoníōn basileía*). O verso 19 diz que ela traz os frutos da terra (desde que essa terra, é claro, esteja livre de toda imundice e não tenha sido condenada à esterilidade pela deusa).

E o culto a Praxidique? Pausânias relata que, após a destruição de Troia, Menelau mandou construir – no mesmo lugar onde Páris e Helena se encontraram pela primeira vez para consumar a união adúltera – um *ágalma* de Tétis, em ação de graças por retornar são e salvo ao lar, e de Praxidique, em agradecimento pela punição dos culpados.[4] Em Haliarto, na Beócia, ao lado do monte Tilfúsio e da fonte Tilfusa, existe um santuário ao ar livre das *Praxidíkai* onde se fazem promessas, mas não levianamente (*ouk epídromon tòn hórkon*).[5] Esse comentário fica claro quando pensamos no santuário das Eumênides, fundado por Orestes em Cerineia, cujo acesso não era livre a todos, nem *ex epidromḕs*: se alguém penetrasse no santuário sujo de sangue ou impuro, perdia a alma e ficava sujeito a terrores (*autíka... deímasin ektòs tõn phrenõn gínesthai*).[6] No santuário das *Praxidíkai*, assim como no das Eumênides, o imprudente que se aventurasse a fazer promessas "levianamente", sem se certificar de que estava em absoluta

---

4 Pausânias, *Descrição da Grécia*, III, 22, 2.
5 Ibid., IX, 33, 3.
6 Ibid., VII, 25, 7.

pureza religiosa, sofria de imediato um furioso ataque de terror, semelhante ao que Orestes teve num lugar chamado *Maníai* (Delírios) – segundo Pausânias, as Eumênides também eram chamadas dessa forma.[7] Na Arcádia existe outro santuário, no qual são feitas promessas mais solenes, sobre questões mais importantes: o de Deméter eleusiniana, em Feneu.[8] Ali se jura pela pedra, pelo *pétrōma*. Trata-se de dois blocos de pedra justapostos, um ao lado do outro, nos quais ficam escondidos os escritos relativos aos mistérios que são retirados a cada dois anos e lidos aos iniciados. No alto do *pétrōma* há uma esfera dentro da qual fica guardada a máscara de uma Deméter Kidaria. Por ocasião dos Grandes Ritos, um sacerdote coloca a máscara e, com ajuda de varinhas, bate nos subterrâneos: *toùs hupokhthoníous paíei* (isto é, o povo dos mortos do qual Praxidique é soberana). A epiclese dessa Deméter mascarada, ligada ao mundo infernal e fiadora das promessas solenes, remete ao termo *kídaris*, que tem dois sentidos: o de touca ou máscara (Hesíquio) e de uma dança arcádica que Ateneu compara à *alētḗr* (dança da errância) de Sicião.[9]

As *Praxidíkai*, deusas-cabeças, e Deméter Kidaria, deusa mascarada, garantem a inviolabilidade de uma promessa que deve suscitar nos homens o mesmo terror sagrado que a água do Estige suscita nos Imortais – a água primordial (*ōgúgion*

---

7 Ibid., VIII, 34, 1.
8 Ibid., 15, 1-3.
9 Ateneu, *Dipnosofistas*, 14, 631 d.

húdōr) pela qual os deuses juram e os falsos juramentos são castigados, lançando sobre a divindade uma espécie de morte temporária. O adjetivo *ōgúgios* é formado pelo nome próprio Ógiges, ser mítico e primordial, duplo de Oceano, que, segundo algumas tradições, foi o primeiro rei dos deuses. O primeiro dilúvio, o dilúvio anterior ao de Deucalião, ocorreu em sua época: a superfície da terra foi inundada pela irrupção das águas subterrâneas, que se misturaram às águas celestes. Ógiges é conhecido sobretudo na Beócia,[10] onde é relacionado exatamente com as *Praxidíkai*.[11] Segundo Fócio, as filhas de Ógiges são Alalcomeneia, Telxinoi e Áulis, "que depois foram chamadas *Praxidíkai*". Segundo Estêvão de Bizâncio, Paniássis fala da ninfa ogigiana, a qual se denominava *Praxidíké*.

As *Praxidíkai* da Beócia, assim como a água do Estige, não somente são associadas a Ógiges como também têm relação com uma fonte que jorra do subsolo e tem o nome de Tilfusa. A água dessa fonte, à semelhança do Estige, é mortal para os seres humanos: Tirésias, cujo túmulo fica próximo dela, perdeu a vida por ter bebido de sua água. Corresponde à fonte mortal de Tilfusa a fonte de Ares, que deu origem a Tebas e alimenta o rio Dirce. A serpente (*drákōn*) que guardava a fonte para impedir o acesso e, segundo se dizia, era filha de Ares e Gaia seria, na verdade, rebento de Ares e Erínia Tilfossa, de acordo com um escólio da *Antígona* de Sófocles. Uma tradição conservada

---

10 Pausânias, op. cit., IX, 19, 6 e 33, 5.
11 Cf. Vian, *Les origines de Thèbes*, p.230 et seq.

por Calímaco[12] apresenta as coisas de maneira distinta: após unir-se a Poseidon sob a forma de uma égua, Erínia Tilfossa (ou Telfosa) gera o cavalo Árion, assim como Medusa, unindo-se ao mesmo deus, gera ao mesmo tempo Crisaor e o cavalo Pégaso, cujo nome evoca uma fonte (*pēgḗ*) ou, segundo Hesíodo, as águas correntes de Oceano, fronteira do mundo (*pēgaí*).

Várias observações merecem ser feitas aqui.

1. Do lugar onde nasceu, além do Oceano, do lado da Noite, Pégaso voa para o céu para viver com Zeus. Contudo, tendo a função de transportador (*phérōn*) do raio e do trovão, ele circula entre o éter, onde reside, e a zona ctônica (*chthṓn*), à qual pertence.[13]

2. Estige é aquela filha de Oceano cujas águas correm nas profundezas da terra, no reino da Noite, onde as fontes (*pēgaí*) da Terra, do Tártaro, do Mar e do Céu nascem juntas, ainda contíguas e meio misturadas:[14] lugar medonho, caótico (*khásma méga*), ao qual "os deuses têm horror" (*tá te stugéousi theoí*).[15] Esse buraco original onde o mundo organizado finca suas raízes é representando pela água primordial do Estige, não apenas pelo *kôma*, em que mergulham os deuses que cometerem perjúrio, ou pela morte que levam aos vivos, mas pelo cenário por onde fluem. Em Hesíodo, o Estige, situado no subterrâneo, nas terras tenebrosas do reino de Hades, na

---

12 Escólios a Sófocles, *Antígona*, 126. Fr. 652 Pfeiffer.
13 Hesíodo, *Teogonia*, 284-6.
14 Ibid., 736-8 e 807-9.
15 Ibid., 739.

noite escura, habita ao mesmo tempo uma morada "coroada de rochas elevadas e cercada de todos os lados de colunas de prata que sobem ao céu".[16] O valor "primordial" do Estige o coloca ao mesmo tempo no mais baixo e no mais alto, como se assumisse concomitantemente os dois extremos, à maneira como as greias conjuntam o jovem e o velho, e as górgonas o mortal e o imortal. Podemos dizer o mesmo do Estige arcádico descrito por Heródoto e Pausânias.[17]

A água do Estige, água das profundezas infernais que leva a morte a todo ser vivo e que nenhum recipiente, nenhuma matéria, nem mesmo o ouro tem o poder de segurar (salvo "a concha do casco de um cavalo"), goteja de uma saliência rochosa elevadíssima – Pausânias diz não conhecer "nenhuma outra que se eleve tão alto". Assim, a água subterrânea escorre do alto, como se viesse do céu.

3. No estudo de J. H. Croon mencionado anteriormente,[18] o autor observa que, na maioria dos lugares onde havia fontes termais, havia também representações do *gorgonéion*. Por exemplo, das vinte e nove cidades antigas cujas moedas estampavam a figura da Górgona, sabemos que ao menos onze tinham fontes na vizinhança. É o caso, em especial, da ilha rochosa de Sérifo: Croon ressalta o fato de que, com exceção da fonte termal onde ainda hoje se promovem festivais anuais,

---

16 Ibid., 775-9.
17 Heródoto, *História*, 6, 74; Pausânias, op. cit., VIII, 18, 4.
18 Croon, "The Mask of the Underworld Daemon", p.11 et seq.; cf. supra, nota 24 (p.53).

não há nada que possa qualificá-la para o papel central que representa na lenda de Perseu e Medusa.

4. A fonte de águas mortais de Tilfosa, ligada às *Praxidíkai*, e Erínia Tilfossa (ou Telfosa), que se une a Poseidon sob a forma de uma égua e gera o cavalo Árion, tem um duplo ou exato correspondente na Arcádia, na pessoa de Deméter Erínia, que vive em Telpusa, à beira do rio Ládon, e cujas águas jorram de diversas fontes da região.[19] Essa Deméter se une em forma de égua a um Poseidon em forma de cavalo, gerando o garanhão Árion e uma filha de nome desconhecido, que será reconhecida como o equivalente de Core, que vive entre a Treva do mundo infernal e a vida à luz do Sol. A Deméter de Telpusa tem duas faces e dois nomes: o aspecto "furioso" da Erínia e o aspecto "calmo" da *Lousía*, a Banhada, a Purificada – quando aplaca sua fúria e se banha nas águas do Ládon.

Encontramos a mesma polaridade entre a Potência de Fúria que provoca delírios e a Potência de Apaziguamento que traz de volta a calma, o estado normal, numa forma arcádica da Deméter furiosa e equina. Em Figaleia, existe uma gruta consagrada à Deméter *Melaína*, a Negra.[20] Os habitantes de Figaleia concordam com os de Telpusa que Deméter se uniu a Poseidon, mas, segundo eles, o fruto dessa união não foi o cavalo Árion, e sim Despina, a Senhora. Como Erínia, *Melaína* alterna estados de fúria e calma. O nome "a Negra" evoca as

---

19 Pausânias, op. cit., VIII, 25, 4-8.
20 Ibid., 42, 1-7.

divindades que apareceram a Orestes, em *Maníai*, sob duas formas: negras enquanto ele esteve fora de si, tomado de Pavor, e brancas depois que, tendo decepado um dedo para expiar seu crime, recuperou o espírito num lugar chamado *Ákē* (Remédios).[21] A Deméter *Melaína*, em versão furiosa, era representada sentada numa pedra. Tinha corpo de mulher, mas a cabeça e o cabelo eram de cavalo. Da máscara equina, brotavam serpentes e outros animais selvagens, à semelhança da Górgona.

Em Licosura, Despina, filha de Deméter e Poseidon Hípias, possuía um templo onde era mais venerada do que qualquer outra divindade pelos habitantes da região. Escavações revelaram fragmentos de sua estátua cultual, em particular suas roupas; onze personagens femininas, de cabeça de animal, em especial de cavalo, dançam e tocam diversos instrumentos musicais. Também foram descobertas estatuetas votivas de terracota, representando mulheres de cabeça de animal e túnicas drapeadas. Um último detalhe a respeito desse santuário de Despina: havia um espelho numa das parede perto da saída do templo. Quem se olhava nele não se via. O espelho não refletia rostos humanos: como uma janela para o além, mostrava claramente as estátuas dos deuses e o trono ocupado pela Senhora, com um séquito de máscaras sobre a sua túnica.

5. A polaridade dessas deusas que ora nos enlouquecem, ora nos acalmam, corresponde à polaridade das fontes e das águas associadas a elas. Ao norte de Nônacris, na região do Estige

---

21 Ibid., 34, 2-4.

arcádico, fica a gruta onde as filhas de Preto se refugiaram quando foram tomadas de delírio e vagaram em estado de transe. Foi lá que Melampo as capturou e, graças a purificações e ritos secretos, as levou até Clítor, num lugar chamado *Lousoí*, denominação que lembra a Deméter *Lousía*. Ali, no santuário de Ártemis *Hēmerasía*, a Apaziguadora,[22] elas foram acalmadas e curadas. Pausânias observa um pouco antes[23] que, partindo de Feneu na direção oeste, há duas estradas: a da direita vai para Clítor, onde fica *Lousoí*; a da esquerda vai dar em Nônacris e no Estige. Na sequência, Pausânias é mais preciso. Após assinalar que na terra dos cinétios, vizinha à dos feneatas, há uma fonte de água fria chamada *Álussos* – porque é um remédio contra a raiva (*lússa*) e beber dessa fonte cura qualquer homem que tenha sido mordido por um cão raivoso –, o periegeta conclui: "Os árcades têm, na água perto de Feneu e chamada Estige, o que mostrou ser uma desgraça para o homem e, na fonte dos cinétios, um bem, vindo essa fonte contrabalançar a calamidade do outro lugar".[24]

---

22 Ibid., 18, 7-8.
23 Ibid., 17, 6.
24 Ibid., 19, 2-4. Sobre a *lússa*, cf. Lincoln, "Homeric lussa, Wolfish Rage", p.98-105.

7
A morte nos olhos

Se tivéssemos de analisar o mito de Perseu – que conta como o herói, ajudado pelos deuses, ousou enfrentar o olhar mortal da Medusa, conseguiu decapitar o monstro e vencer a face de terror, e ainda escapar da perseguição das duas górgonas sobreviventes –, teríamos de comparar, desde Hesíodo e Ferécides até Nono e Ovídio, as suas diversas versões. Para nos atermos ao essencial, assinalaremos apenas os pontos mais importantes. Em primeiro lugar, a presença na lenda do esquema heroico tradicional, com a exposição do herói recém-nascido e a prova que lhe é imposta na adolescência, durante um banquete festivo, num ambiente de bravatas e desafios. Façamos um breve resumo da trama.

Acrísio, rei de Argos, tem uma filha, Dânae. O oráculo anuncia que, se ela tiver um filho, o menino matará o avô. Acrísio tranca Dânae num quarto subterrâneo de paredes de bronze. Mas Zeus visita a jovem sob a forma de uma chuva de ouro. Após o nascimento da criança, um menino chamado Perseu, o choro atrai a atenção de Acrísio. Para escapar do destino que lhe fora predito, o rei coloca Dânae e o bebê num baú de madeira e os joga no mar. As ondas não deixam que o baú afunde e o carregam até a ilha de Sérifo, onde o pescador Díctis o resgata, alojando Dânae e criando Perseu até a adolescência. Em Sérifo reina o tirano Polidecto, que deseja Dânae, mas Perseu protege a mãe. Polidecto convoca os jovens da ilha para um festim, um *éranos*, no qual cada um, para fazer boa figura, deve competir com os outros em generosidade. Quando chega a vez de Perseu, para superar todos os outros, ele oferece ao anfitrião não o cavalo que este lhe pede, mas a cabeça da Górgona. Polidecto toma a promessa ao pé da letra. Perseu não tem saída a não ser cumpri-la.

Nascimento sobrenatural, exclusão do mundo humano, abandono ainda bebê naquele além formado pela imensidão marinha, sobrevivência e retorno ao mundo dos homens, após atravessar uma prova cuja conclusão natural seria a morte: em princípio, não falta nada na biografia do jovem Perseu para lhe dar, antes mesmo de começar a realizar suas façanhas, uma dimensão propriamente "heroica".

Mas a história continua. Guiado por Atena e Hermes, Perseu pega a estrada. Para matar Medusa, ele precisa obter das ninfas os instrumentos que vão ajudá-lo a derrotar o monstro de olhar de morte, em especial o capuz de Hades (*kunéē*) e as sandálias aladas. Mas, para encontrar as ninfas, primeiro ele precisa fazer as greias lhe revelarem o caminho que leva até elas. Irmãs das górgonas, as greias têm apenas um dente e um olho para as três, mas nem por isso são menos perigosas: sempre vigilantes, uma mantém o olho aberto e o dente a postos enquanto as outras dormem. Perseu as enfrenta e derrota num jogo de passa-passa: ele agarra o olho e o dente no momento exato em que as greias os passavam de uma mão para outra, não sendo úteis a nenhuma.

Nesse encadeamento de episódios, o olhar, a visão, a reciprocidade do ser e do ser visto tem papel central. O tema aparece na sequência das três greias com o olho e o dente que passam de uma para a outra para que o trio nunca fique desprotegido, sem dente para comer e sem olho para observar (o dente único é o dos monstros devoradores e o das velhas desdentadas; o olho único é o dos seres sempre vigilantes, mas que um gesto ousado pode cegar).[1] Ele está presente também na *kunéē*, o instrumento mágico de invisibilidade que esconde de todos a presença de quem cobre a cabeça com ele; e no detalhe do desviar de olhos de Perseu, momento da morte da Medusa – para cortar o pescoço do monstro e depois quando ergue a cabeça decepada para transformar seus inimigos em pedra, Perseu olha prudentemente para o lado oposto. O tema ganha toda a sua extensão nas versões atestadas a partir do século V, as quais enfatizam o recurso obrigatório ao espelho e ao reflexo para que o jovem possa ver Gorgó sem ter de cruzar com o seu

---

[1] Para recuperar o olho e o dente, as velhas greias tiveram que revelar o segredo das ninfas. Essas jovens divindades rurais dão a Perseu o elmo que o torna invisível, as sandálias mágicas que o levam de um lugar a outro, kibisis, a sacola onde pode enterrar, para esconder, a cabeça da Medusa. A essa panóplia, Hermes acrescenta a harpe, o cortador em forma de foice que Cronos já havia usado para castrar Urano.

olhar petrificante. Devemos frisar ainda o papel e o sentido dos objetos mágicos: mais do que simples instrumentos, são talismãs que funcionam como os verdadeiros operadores da façanha. Há o elmo da invisibilidade, que cobre o rosto do herói vivo com uma máscara de morto e o protege das Potências de Morte; a *hárpē* e a *kíbisis*, a foice e o alforge, instrumentos da caça às cabeças; as sandálias aladas, que conferem a Perseu um *status* análogo ao das górgonas, permitindo que percorra todas as direções do espaço, visite tanto o céu como o mundo subterrâneo, passe das margens do Oceano às terras dos hiperbóreos. Por último, lembramos alguns detalhes significativos: a hostilidade de Perseu contra Dioniso, os sátiros e as mênades, que o herói, ao fim do périplo, combate e persegue desde a sua chegada a Argos, como se esse bando frenético comportasse um elemento gorgôneo em seu delírio; o jogo da beleza e da feiura na personagem da Medusa;[2] a ênfase no tema do espelho e do reflexo num autor tardio como Ovídio;[3] e o tratamento que recebe nas representações figuradas. Nas imagens que representam o episódio da decapitação da Górgona, Perseu, visto de frente, ora olha para a frente, fixando os olhos nos olhos

---

2 Sobre a tradição que faz da Medusa uma jovem adorável, ávida por rivalizar com as mais belas deusas, cf. Apolodoro, II, 4, 3; Ovídio, *Metamorphoses*, IV, 795 ss.

3 Do rosto horrível de Medusa, com seu olhar petrificador, Perseu sabia como olhar apenas para o reflexo enfraquecido. O tema é retomado por Ovídio no episódio da libertação de Andrômeda, salva pelo herói a caminho de seu retorno. Na sua estupidez, o monstro marinho que ataca Perseu atira-se, não sobre o próprio jovem, mas sobre sua sombra: com as garras, rasga em vão o reflexo que o herói projeta na superfície lisa do mar.

do espectador, tendo a Medusa de pé ao seu lado; ora vira a cabeça, olhando para o lado oposto; ora fita o rosto do monstro refletido num espelho, num escudo polido ou na água.

Ao fim dessa investigação, temos algumas conclusões provisórias. Ao contrário das figuras divinas e dos rostos humanos, a máscara da Górgona, como cabeça isolada, comporta aspectos marcados pelo insólito e pelo estranho na composição de seus traços. Os arcabouços usuais, as classificações ordinárias aparecem turvos e desiguais. O masculino e o feminino, o jovem e o velho, o belo e o feio, o humano e o bestial, o celeste e o infernal, o alto e o baixo (Gorgó dá à luz pelo pescoço, como doninhas que, ao parir pela boca, invertem o *status* dos orifícios bucais e vaginais), o interior e o exterior (a língua, em vez de ficar escondida dentro da boca, salta para fora como um membro viril, deslocado, exposto, ameaçador) – em resumo, todas as categorias coincidem, interferem, confundem-se nesse rosto. Por esse motivo, a figura da Górgona se coloca de imediato numa zona do sobrenatural que, de certa forma, contradiz a distinção rigorosa entre deuses, homens e animais, assim como entre níveis e elementos cósmicos. Opera-se uma mescla ameaçadora, parecida com a que Dioniso realiza pela alegria e pela liberação para comungar com uma idade de ouro. Com a Górgona, porém, essa desordem ocorre pelo pavor e pelo terror, na confusão da Noite.

A mistura do que é normalmente separado, a deformação estilizada das feições, o rosto despedaçado em careta traduzem o que chamamos de categoria do monstruoso, em toda a sua ambivalência, dividida entre o terrífico e o grotesco, passando ou oscilando de um para o outro.

É nesse contexto que temos de interrogar a frontalidade. O monstruoso do qual falamos aqui tem a peculiaridade de poder ser abordado somente de frente, num confronto direto com a Potência que, para ser vista, exige que entremos no campo do seu encantamento, correndo o risco de nos perdermos. Ver a Górgona é olhá-la nos olhos e, pelo cruzamento de olhares, deixarmos de ser nós mesmos, de sermos vivos e, como ela, nos tornar Potência de Morte. Encarar Gorgó é perder a visão em seus olhos, é transformar-se em pedra, cega e opaca.

No face a face da frontalidade, o homem se coloca em simetria com o deus, no eixo do deus. Essa reciprocidade implica ao mesmo tempo dualidade (o homem e o deus face a face) e inseparabilidade, ou identificação: o fascínio significa que o homem não pode mais desviar o olhar da Potência, virar-lhe o rosto; seus olhos se perdem nos olhos da Potência, que o fita da mesma forma que ele a fita; ele é projetado para o mundo presidido pela Potência.

No rosto da Górgona opera-se quase que um desdobramento. Pelo jogo de fascinação, aquele que vê é arrancado de si mesmo, privado do seu próprio olhar, tomado e invadido pelo olhar da figura que está a sua frente e que, pelo terror de suas feições e de seu olhar, se apodera dele e o possui.

Possessão: usar uma máscara é deixar de ser eu mesmo e, no espaço da mascarada, encarnar a Potência do além que se apoderou de mim, da qual imito o rosto, o gestual e a voz.

O desdobramento da face em máscara, a sobreposição desta naquela, tornando-a irreconhecível, supõem uma alienação em relação a mim mesmo, uma assunção da parte do deus que toma as rédeas e a direção, que me cavalga e me carrega no galope; por conseguinte, entre o homem e o deus, cria-se uma contiguidade, uma troca de *status* que pode chegar à mescla, à identificação, mas nessa mesma proximidade somos arrancados de nós mesmos, somos projetados numa alteridade radical, instaura-se uma distância extrema, um estranhamento total, que se inscreve na intimidade e no contato.

A face da Górgona é uma máscara, mas não precisamos colocá-la para imitar o deus, pois a figura de Gorgó produz o efeito da máscara simplesmente olhando nos nossos olhos. Como se essa máscara não tivesse saído do nosso rosto, não tivesse se separado de nós senão para se fixar em face de nós, como a nossa sombra ou o nosso reflexo, sem podermos nos separar dela. É o nosso olhar que fica preso na máscara. A face da Górgona é o Outro, o duplo de nós mesmos, o Estrangeiro, em reciprocidade com a nossa figura como imagem no espelho (um espelho no qual os gregos só podiam se ver diante de e sob a forma de uma simples cabeça), mas uma imagem que seria menos e ao mesmo tempo mais do que nós mesmos, simples reflexo e realidade do além, uma imagem que agarra, porque, em vez de mostrar a imagem de nossa própria figura, refletir nosso olhar, ela representaria, na sua careta, o pavor terrífico de uma alteridade radical, com a qual nos identificamos, transformando-nos em pedra.

Jean-Pierre Vernant

Olhar a Górgona nos olhos é ficar cara a cara com o além em sua dimensão de terror, cruzar o olho com o olho que, sem deixar de nos fitar, é negação do olhar, receber uma luz cujo brilho ofuscante é o brilho da noite. Quando olhamos a Górgona, é ela que nos transforma nesse espelho no qual, ao nos transformar em pedra, ela vê a sua face terrível e se reconhece no duplo, no fantasma que nos transformamos quando defrontamos o seu olhar. Ou, para expressarmos essa reciprocidade em outros termos, essa simetria tão estranhamente desigual entre o homem e o deus, o que a máscara da Górgona oferece ao nosso olhar, quando ficamos fascinados, somos nós mesmos, nós mesmos no além, essa cabeça coberta de noite, esse rosto mascarado de invisível que, no olho da Górgona, se revela a verdade da nossa própria figura. Essa careta é também a que aflora no nosso rosto para impor a sua máscara quando, com a alma em delírio, dançamos ao som da flauta a bacanal de Hades.

A morte nos olhos
Conversa com Pierre Kahn

A lição dos gregos

P. KAHN – Você apresenta o seu estudo sobre Gorgó, a górgona Medusa, sob a perspectiva de uma "grande lição" que os gregos nos dão sobre a forma como a cultura deles, da qual somos tributários, via a tolerância, isto é, como ela considerava o que se apresentava aos participantes dessa cultura como heterogêneo, ou mesmo como extrema alteridade.

Você também diz que é uma grande tentação nos inspirarmos no modelo grego, mas que esse desejo é estéril: o politeísmo grego é intransponível.

Qual é então a lição que os gregos podem oferecer à necessidade que temos de tradição e reflexão? Você pode nos explicar seu pensamento enquanto antropólogo e historiador das religiões? Você desenvolveu seu trabalho na segunda metade de um século que revelou a enorme fragilidade de uma tolerância baseada essencialmente em posições racionalistas. A lição dos gregos não seria, em última análise, que a formalização do que o ser humano encontra nele e fora dele como absolutamente outro só pode ocorrer no âmbito de uma experiência religiosa ou, pelo menos, de uma experiência em que há intervenção do sagrado?

J.-P. VERNANT – Em que os gregos podem nos oferecer uma grande lição?

Quando falo de modelo grego, não estou querendo dizer – e você entendeu corretamente – que a meu ver os antigos constituem o modelo, o ideal de sociedade, de homem, de cultura que nós, para salvar o Ocidente, deveríamos imitar. Entendo modelo no sentido em que os engenheiros de automóveis falam de um modelo de carro, ou os acadêmicos falam de um modelo para testar uma hipótese. O mundo grego está muito longe de nós para podermos vê-lo de cima, por assim dizer, a partir dos traços fundamentais que dão a esse conjunto, com tensões, com equilíbrios mais ou menos efêmeros ou duradouros, desde as suas realidades técnicas até as suas crenças religiosas, uma relativa coerência, e que fazem dele uma civilização bem definida para nós, com um estilo de vida próprio.

É esse modelo, construído e continuamente modificado pelos historiadores a partir dos documentos que eles têm à disposição, que interrogo para lhe fazer uma pergunta cujo alcance é geral do ponto de vista da antropologia, mas cuja urgência se impôs a mim, evidentemente, em razão dos acontecimentos que marcaram a minha geração e das consequências que agitam ainda hoje a sociedade francesa. Como um grupo humano, preocupado com a sua continuidade e com a sua identidade, aborda o problema do Outro, sob as suas diversas formas, desde o homem outro, diferente de mim, até o outro do homem, o absolutamente outro, aquele que somos incapazes de pensar e verbalizar, e que chamamos de morte, nada ou caos? Ora, observando os gregos, me pareceu que mesmo quando a humanidade do homem é definida pelo pertencimento a uma vida política que é privilégio exclusivo dos helenos e marca a sua superioridade, mesmo quando os bárbaros, os estrangeiros, os escravos, as mulheres e os jovens são rechaçados para as margens da humanidade, as práticas institucionais e as crenças sempre encontram uma maneira de reintegrar aqueles que elas teriam de excluir radicalmente. A exclusão do outro não tem caráter de negação apaixonada, de ódio fanático, que proíbe qualquer contato ou comércio com ele, ou processos regulares, acolhida e presença no grupo. Falei de tolerância em relação a isso. É uma atitude que, na cultura grega, parece comportar uma dimensão racional, um distanciamento em relação a si mesmo, uma abertura crítica. Existe uma curiosidade intelectual na forma como Heródoto pesquisa os povos bárbaros, e, em relação a vários deles, como os egípcios e os etíopes, há uma admiração por alguns de seus costumes, comparados com os costumes dos gregos.

Mas, no que diz respeito à tolerância, devo ressaltar dois pontos que marcam a diferença entre o mundo antigo e nós. Em primeiro lugar, a cidade e a nação contemporânea não são da mesma ordem. Em segundo, a religião grega constitui um fenômeno muito diferente das grandes religiões atuais. O politeísmo grego não é uma religião do livro: ela não tem nem igreja, nem clero, nem revelação, nem texto sagrado definindo um credo que todo fiel deve respeitar, se deseja a salvação. A crença grega não tem caráter dogmático ou pretensão universalista. Nesse sentido, existe certa forma de tolerância no cerne dessa religião, que tem essencialmente a forma de um culto cívico e político. Todas as práticas sociais na família e no Estado, todos os atos individuais na vida cotidiana, assim como na solenidade das grandes festas comuns, têm uma dimensão religiosa. Podemos dizer que a religião está presente em todos os momentos e em todos os atos da vida coletiva, e que a existência social tem a forma da experiência religiosa.

Portanto, quando analiso o *status* e as funções de Ártemis, Dioniso e Gorgó, pesquiso sobre a cidade, seus modos de funcionamento, suas estruturas mentais. O caso da Górgona como expressão do absolutamente outro não é exceção. Os gregos puseram em prática uma série de políticas em relação à morte cujo objetivo era civilizá-la, integrá-la à vida social: ritual fúnebre, sobrevivência gloriosa na memória coletiva, graças à poesia oral, ao culto heroico. Elaboraram uma maneira específica de fazer os defuntos continuarem a existir, mesmo tendo desaparecido para sempre, uma espécie de presença-ausência, dando a eles o que podemos chamar de *status* social dos mortos, um *status* que dava suma importância a alguns ao longo de toda a existência comum do grupo. Mas, ao mesmo tempo que recuperavam os mortos como coletividade, os gregos exprimiam pela máscara da Górgona o que a morte comporta de além em relação ao que pode ser feito ou dito a respeito dela, esse "resto" diante do qual só se pode ficar mudo e paralisado: fascinado, transformado em pedra.

Ilusão sagrada, ilusão profana

P. KAHN – Você compara a Górgona a Ártemis e Dioniso enquanto deuses mascarados ou com alguma relação com a máscara. A máscara é diferente da imagem antropomórfica. Ela evoca ou convoca determinada modalidade da alteridade que a representação torna familiar ou permite o uso.

A partir daí, diferencia as funções desses deuses mascarados. E, para isso, recupera uma distinção que você propôs 25 anos atrás. De um lado, distingue uma alteridade horizontal, que os jovens gregos exploravam sob a proteção de Ártemis, cuja função era articular diferentes domínios de animalidade com a civilização. E, de outro, você distingue alteridades verticais que empurram o indivíduo para baixo, para o terrível, para o caos (o encontro com a Górgona), ou para cima, para a fusão extática com o divino (o encontro com Dioniso).

Mas você não retoma o que indicou em *Mito e pensamento entre os gregos*, em que, a seu ver, o *hieros*, o sagrado da religião cívica, se opunha ao *hosios*, à santidade das práticas dionisíacas, assim como a *sōphrosunē* se opunha à *mania* como controle de si na ordem sociorreligiosa da possessão pelo deus, derrubando as barreiras do mundo organizado. Você escreveu que, na experiência dionísica, a ordem político-religiosa se revela "como simples ilusão, sem valor religioso". E que "a libertação em relação ao *hieros* pode se operar, de certa forma, para baixo, pelo profano, ou para cima, no sentido de uma identificação com o divino".

Que motivos o levaram a não manter essa orientação – que teria colocado as experiências vivenciadas sob Gorgó numa perspectiva profana – em sua pesquisa? Foi por causa da ambiguidade inerente à noção de profano, que é profano em relação a um sagrado cívico, mas não se afasta do horizonte religioso? Hoje você pensa que decididamente não houve espaço na Grécia Arcaica ou Antiga para uma não crença ou uma crença diferente, que visse as crenças oficiais sociais e religiosas como sendo da esfera da *phantasia* da ilusão?

J.-P. VERNANT – Quando situei Dioniso e Gorgó num mesmo eixo vertical, opondo-os como o alto e o baixo, a fusão com o divino e a confusão do caos, eu não tinha em mente o que escrevi vinte anos atrás sobre o duplo valor de *hosios*, traduzindo, em relação ao sagrado, uma libertação na direção do profano ou, ao contrário, na direção do totalmente santo, na identificação do homem com o divino. Mas, refletindo sobre essa questão, acredito que os dois esquemas, apesar do paralelismo, podem ser sobrepostos. No caso de *hosios*, o objetivo era mostrar que na Grécia, em vez de uma oposição estrita entre profano e sagrado – dois domínios entre os quais o corte hoje é muito claro –, existiam graus e formas múltiplas de sagrado. Opõe-se ao sagrado definido pelo pleno pertencimento à esfera divina (templos, objetos de culto, estátuas dos deuses, bens e locais reservados a eles) o que os homens podem utilizar diretamente e dispor livremente, não porque são realidades profanas em si, mas porque os seres humanos colocam-se em relação a elas respeitando os deuses e servem-se delas seguindo as normas religiosas estabelecidas. Os *hiera* se opõem aos *hosia* como o que os deuses têm de exclusivamente seu se opõe ao que eles dão aos mortais para satisfazer as necessidades de uma vida justa e piedosa. O *hosion* é o que escapa às restrições que preservam o caráter exclusivo do *hieron*, colocando-o à parte da existência humana cotidiana. Nesse sentido, o *hosion* define bem o que é liberado do "consagrado" aos deuses. Mas *hosios* tem outro sentido também. Ele pode, nas seitas e na religião dionisíaca, designar um estado excepcional de santidade que permite práticas de ascese individual ou de êxtase coletivo que conferem aos que as experimentam o privilégio, momentâneo ou duradouro, de se tornar homens divinos, puros, *hagnoi*.

Quando desaparece a fronteira entre homens e deuses que é traduzida pelo termo *hieros*, todo o sistema cultual de uma religião cívica que visa à manutenção da distância estrita entre mortais e imortais, ao respeito a sua diferença radical, aparece como sem valor religioso genuíno para aquele que teve a experiência da fusão com o divino. Para o homem divino, santo e puro, a libertação do sagrado, no sentido usual, ocorre quando ele é transposto pelo alto, não quando se escapa por baixo, na livre disposição do que os deuses dão aos homens como sendo a parcela deles.

A Górgona não tem lugar nesse esquema. Sua correlação com Dioniso não é da ordem de um "completamente profano" correspondendo a um "totalmente santo", porque um e outro, de comum acordo, escapam das restrições do "sagrado" comum. Em sua relação com o deus Dioniso, que é ao mesmo tempo o mais terrível e o mais brando, que ora suja e destrói, ora salva e purifica, a Górgona traduz outro aspecto do sagrado: o sagrado absolutamente "proibido", em sua ambivalência — expressa pelo par *agos-hagos* —, um sagrado tão perfeitamente puro, tão afastado da vida humana, que aparecia também como horrível e terrífico: todo contato com ele causa uma mácula irremediável, ou exclui da condição humana. A morte é um sagrado desse tipo. Perséfone é uma divindade *hagnē* (pura), mas não é possível entrar em contato com ela, não é possível abordá-la como rainha do mundo infernal, sem ser arrancado do estado de vivente. Gorgó, portanto, permanece num horizonte religioso e, mais em geral, não acho que os antigos tenham pensado na morte sob uma perspectiva profana, mesmo que a opinião usual sobre esse ponto não faça referência à sobrevivência da alma imortal.

Isso significa que não havia espaço para a não crença? Para responder a essa pergunta, teríamos de discorrer sobre o que é crença. O estatuto do "crer" não é o mesmo numa religião dogmática, na qual é possível definir heréticos, incrédulos, agnósticos, e, em cultos em que a noção de divino não é objeto de um credo obrigatório, a margem de interpretação dada à iniciativa individual, ante uma tradição lendária que é ela própria variada e flutuante, é muito grande. A impiedade não faz referência a diferenças no que se crê, mas a uma negação ou anomalia no que é feito, na maneira de realizar os ritos. Ora, a prática cultual se integrava a tal ponto à vida cívica que rejeitá-la, para o grego, seria deixar de ser ele mesmo, como não falar mais a sua língua nativa ou não viver mais como um cidadão livre. Mas, mesmo nesse contexto, muitos rejeitavam, e tachavam de fábulas, muitas narrativas transmitidas pelos mitos. Os mais críticos podiam, como Protágoras, afirmar que não se pode dizer nada a respeito dos deuses, tampouco conhecê-los, mesmo não sendo ateus. A descrença, o ateísmo são a outra face das religiões que repousam sobre um dogma e dão ao conteúdo intelectual da crença o *status* de uma verdade absoluta que não se pode criticar ou submeter a discussão.

Gorgó-Baubo, ou Gorgó e a sexualidade

P. KAHN – Sua abordagem da dimensão sexual de Gorgó exige atenção, porque faz essa dimensão aparecer em uma rede de equivalências e contrastes em parte explícitos e em parte simplesmente sugeridos.

Você aponta a harmonia secreta, o "conluio" entre a Górgona e os silenos ou sátiros, e as semelhanças, as "afinidades" dessas personagens, respectivamente, com o sexo feminino e o sexo masculino. Em seguida, traz a personagem de Baubo, a maneira obscena como, segundo os textos, ela põe fim ao luto de Deméter, as estatuetas bizarras que a representam. Uma dimensão de Gorgó seria, então, ser "o sexo feito máscara", assim como Baubo. No campo feminino, Gorgó cumpriria uma função simétrica à dos sátiros no campo masculino: representar o terrífico e o grotesco do sexual, de todo modo inquietante.

Essa simetria entre a Górgona e os sátiros é mais difícil de captar. Aparentemente, trata-se de uma simetria de função: representar o sexual no que ele tem de risível, horrível e fascinante nos polos opostos do feminino e do masculino. Mas por que, entre os textos que falam de Baubo, você privilegia os *Mimos*, nos quais Herondas designa, pelo substantivo masculino *baubôn*, um simulacro de couro fálico? Desse modo, sua explicação não acaba comportando a ideia de uma interferência da Górgona e dos sátiros pela referência comum, via Baubo e *baubôn*, ao phallus, dos quais seriam respectivamente a representação da ausência angustiante e da permanência risível e ilusória?

Isso me leva a perguntar o que você pensa das interpretações que veem Baubo como uma personagem fálica. Corolariamente, poderia especificar o que os gregos consideravam e sentiam como libertador na intervenção de Baubo? Era apenas a exibição obscena do sexo de uma mulher (Baubo) para outra (Deméter)?

J.-P. VERNANT – Qualquer que seja a relação de Baubo com o *baubôn* – relação que reconheço, mas outros rechaçam –, não acho que essa figura evoque por seu gestual, quando expõe o seu sexo para fazer Deméter rir, a "ausência angustiante" do falo. Por quê? Porque nada nos textos me parece ir nesse sentido, tampouco justificar a interpretação de Baubo como personagem fálica. Maurice Olender publicou um estudo exaustivo sobre Baubo[1] que, se nos limitarmos aos documentos gregos e latinos, refuta essa hipótese.

Falo ou não, o que existe de "libertador" na exibição do sexo e, no caso de Baubo, do sexo feminino? Nisso reside todo o problema do riso ritual. A exibição do que normalmente deve permanecer oculto já tem em si um valor de transgressão do proibido. Mas essa transgressão ocorre em condições tais que, em vez de provocar consequências terríveis, ela desarma o perigo e elimina a angústia: ela "minimiza" o anômico no exato momento em que o evoca, da mesma forma que o bufão ritual com suas incongruências escandalosas, com suas injúrias ao rei, que, em vez de minar a ordem, a majestade e o poder soberano, apenas os reforça. O motivo é que o bufão é uma personagem marginal, que se coloca fora da sociedade. Quando diz uma verdade inconveniente, há ganhos em todos os sentidos: a verdade é formulada, mas não tem peso social, não vale nada. É mais ou menos a mesma coisa com Baubo. A tradição a apresenta como uma velha, uma ama de leite que fala a torto e a direito. Ela fala de tudo e sobre tudo, mas sem nenhuma utilidade. Da sua boca não sai nada que valha, ela apenas tagarela. Como Elena Cassin me chamou a atenção, as partes sexuais que, ao invés de cobrir, a velha exibe não servem para nada, nem para dar à luz, nem para fazer amor: é um escárnio, uma piada.

---

[1] *Revue de l'histoire des religions*, 985, p.3-55; veja também seu livro sobre Baubo.

Essa é uma das leituras que se pode tentar fazer. Reconheço que existem outras. Elas não são incompatíveis. Esse tipo de história comporta vários sentidos, várias camadas interpretativas. As partes íntimas de Baubo são polissêmicas.

Os efeitos da cabeleira

P. KAHN – Um dos interesses do seu livro é que ele incita os psicanalistas a rever a perspectiva sob a qual eles costumam encarar a Medusa. Quando Freud fala dela, em 1922, é exclusivamente do ângulo do horror inerente ao complexo da castração. O que o leva a focar a abordagem na decapitação da Medusa, que tem importância secundária no seu livro, sobretudo porque você parece reintroduzi-la no mito de Perseu. Freud também enfatiza as serpentes da cabeleira gorgônea: multiplicando os símbolos do pênis, elas atenuam o horror da ausência dele. Mas ao mesmo tempo, na opinião de Freud, por essa multiplicidade, elas sublinham a inscrição do mito no universo do complexo da castração.

Você não trata do tema da castração enquanto tal no seu trabalho. Mas não parece equivocado dizer que ele se apresenta no seu texto, indiretamente, quando fala das relações da Górgona com a "extirpação". É interessante apontarmos dois tempos bastantes distintos na sua abordagem.

Primeiro, você evoca o contexto guerreiro, que é um dos campos de aplicação da figura da Górgona: a fúria guerreira do combatente e o terror que ela inspira dependem, entre outras coisas, do que você chama de "efeitos da cabeleira". Pela cabeleira, o guerreiro se aproxima da animalidade, a animalidade das serpentes ou dos cavalos, cujas mordidas são aterrorizantes, porque podem mandar as vítimas para o reino dos mortos. Portanto, a cabeleira reptiliana ou equina é gorgônea na medida em que é assustadora, isto é, significa uma viagem ao reino do Terror.

Num segundo momento do seu livro, você dá ao destino da cabeleira uma significação que pode levar a pensar na castração. Recorda que era costume em Esparta raspar a cabeça das recém-casadas. Você escreveu: "extirpa-se o que talvez ainda haja de macho e guerreiro em sua feminilidade, de selvagem em seu estado matrimonial. Evita-se introduzir no lar, sob a máscara da esposa, o rosto de Gorgó".

Aliás, corroborando a sua interpretação, Freud traz à baila a forte homossexualidade da cultura grega. Para ele, isso torna lógico que a representação por excelência do terror para os gregos seja uma figura da castração feminina. É notável que, no seu estudo, não deixa transparecer nada que possa indicar que haja, para você, uma relação qualquer entre a Górgona e a homossexualidade.

Poderia especificar o que pensa dessa interpretação freudiana do mito, tão diferente da sua? No fim do texto, Freud faz uma ressalva: sua interpretação só poderá ser defendida a sério a partir de uma história do que a Medusa simboliza na mitologia grega, história que ele não fez. A partir desse exemplo, em que, na sua opinião, o historiador e o antropólogo se diferenciam do psicanalista, em que e onde eles podem eventualmente coincidir?

J.-P. VERNANT – Para dizer a verdade, o tema da castração não se impôs em nenhum momento durante a minha pesquisa. Gorgó é uma cabeça, um rosto, um *prósōpon*. A lenda de Perseu explica por que essa Potência consiste inteiramente em uma simples cabeça, como as *Praxidíkai*. O herói, depois de decapitar a Medusa, roubou a cabeça, usou-a para petrificar seus inimigos e entregou-a a Atena, que a transformou em instrumento de morte, em égide. Mas não me parece que a decapitação seja igual à castração. A cabeça não é a vara. Sei que serpentes eriçam essa cabeça. Mas os valores simbólicos da serpente – infernais e ctônicas – não podem ser resumidos ao pênis. Em geral, na imagética grega, quando os gregos querem evocar o falo, eles o evocam claramente, de preferência exagerando-o; e quando empregam metáforas, eles recorrem não à serpente, mas ao pássaro-falo.

No entanto, em dois momentos eu teria reintroduzido indiretamente (inconscientemente) essa castração? Primeiro, quando marco o lugar dos "efeitos da cabeleira" na mímica facial com que o guerreiro provoca terror nas fileiras inimigas durante o combate; segundo, ao indicar que, raspando a cabeça da noiva no dia de núpcias, privando-as da longa cabeleira solta das virgens, os gregos tentavam "extirpar" o que a sua feminilidade ainda podia ter de masculino e guerreiro. Não seria uma maneira de eu reconhecer, sem saber e sem querer, os quatro seguintes pontos?

1. Cabelo comprido e solto = virilidade intensa = falo.
2. Cortar o cabelo = feminilizar pela extirpação do membro viril = castrar.
3. Exuberância ofiomórfica e terrífica do cabelo da Medusa = agressividade fálica.
4. Decapitação da Medusa = castração do monstro feminino.

Se me fizessem essa pergunta dessa forma simples e direta, minha resposta ainda assim seria: não. E os motivos que posso apresentar para explicar a minha extrema relutância a essa série de identificações em cadeia talvez respondam ao problema mais geral que você colocou sobre o que separa o antropólogo historiador do psicanalista ao abordar os fatos da cultura. O psicanalista tem um modelo na cabeça que vem da sua formação e da sua prática profissional. O antropólogo também tem modelos, é claro, mas, por ofício, desconfia deles, porque ele adquire na prática a convicção de que existe uma relatividade dos fenômenos culturais, e que cada civilização, local e temporalmente situada, possui características específicas que não permitem que ela seja comparada pura e simplesmente à civilização na qual vivemos e que para nós é natural. Por isso, ele desconfia de toda forma de interpretação simbólica imediata e universal. Em vez de aplicar modelos simbólicos que teriam valor de arquétipo, ele constrói um modelo interpretativo, reagrupando os diversos traços do seu material documental, situando-os uns em relação aos outros, seguindo uma configuração em que cada um encontra seu lugar ao se articular com um conjunto significativo.

Vamos voltar aos quatro pontos mencionados antes:

1. O efeito da cabeleira somente tem sentido inserido em seu contexto: no combate, associado à careta, à gesticulação, ao estrondo das armas, aos urros. Toda essa mímica guerreira é expressão da *lússa*, a raiva furiosa que toma certo tipo de guerreiro e cuja visão aterroriza os que devem combatê-lo. O que é "encenado" não é a virilidade, o sexo masculino em geral, mas essa forma muito peculiar de comportamento masculino próprio do combatente quando ele é tomado por um poder de morte que o iguala a um lobo ou a um cão "raivoso". Nessa raiva demente e mortífera do guerreiro, o falo não está no primeiro plano; não é ele a chave que nos permite compreender o lugar e o sentido que esse rosto desfigurado pela fúria tem no campo de batalha (mesmo que sutilmente ele apareça nos meandros de um texto ou de uma imagem, como eu mesmo notei ao mostrar, em outro estudo, as intersecções que despontam algumas vezes entre a justa amorosa e o combate guerreiro). Essa dimensão é secundária em relação aos temas do Terror, do Horror, da Morte, que têm importância muito maior e na qual o sexo é apenas mais um componente. Portanto, não posso igualar os efeitos da

cabeleira, a virilidade e o falo sem desnaturar ou empobrecer os fatos.

2. Raspar o cabelo da noiva não é uma forma de castração? Em primeiro lugar, trata-se de uma prática específica de Esparta. Portanto, para compreendê-la, temos de situá-la no contexto das instituições lacedemônias. Até ultrapassar o patamar da adolescência, os meninos, agrupados em faixas de idade e submetidos às provas iniciáticas da *agogē*, raspam a cabeça, andam sujos, descalços e mal-ajambrados. Nesse sentido, pela roupa, pela aparência, eles manifestam o estatuto do jovem, um estatuto parecido com o dos hilotes. Estes, para se distinguir dos "iguais", dos verdadeiros espartanos, eram obrigados a usar roupas humildes, não tecidas (pele de animais), e a cobrir a cabeça com uma touca característica, designando-os pelo que eram: inferiores, estranhos à cidade. Os cidadãos adultos usavam cabelo longo – diferentemente da cabeça raspada dos jovens – e nenhum tipo de chapéu – em vez da touca obrigatória dos hilotes. Por outro lado, os cidadãos de Esparta que se desonravam ao fugir do combate perdiam seus direitos cívicos e formavam uma categoria desprezível, os "covardes". Como os jovens e os hilotes, os covardes tinham de usar trajes sujos e indignos, roupas escuras e remendadas; além do mais, eram obrigados a raspar apenas metade da barba, apresentando uma face imberbe e outro barbada, o que os diferenciava

dos cidadãos adultos (que raspavam a barba) e dos velhos (que eram barbudos) e, ao mesmo tempo, sublinhava pelo ridículo da assimetria o que a condição de "cidadãos sem ser" comportava de imperfeito, de desequilibrado. Evidentemente, é pela relação com esse conjunto coerente de marcas sociais – polissêmicas, sem dúvida, mas também centradas na categoria dos *timai*, das honras reservadas apenas aos iguais (homens, adultos, cidadãos) – que devemos abordar a prática de raspar o cabelo das jovens recém-casadas. Na primeira infância, meninas e meninos não são ainda claramente distintos; a fronteira dos sexos entre eles é imprecisa. O objetivo da educação é fazer as crianças crescerem corretamente, até que o sexo, em consonância com os modelos sociais, assume as funções que lhe são próprias e diferencia as crianças sem nenhuma ambiguidade. Os jovens, durante a *agogē*, raspam a cabeça; as jovens, no mesmo período, usam o cabelo solto. Isso não significa para os meninos, em oposição às meninas, uma castração simbólica, assim como a barba meio raspada dos covardes não tem um valor de semicastração. A cabeça raspada para os adolescentes marca o estatuto do marginal, a meio caminho entre os hilotes e os lacedemônios de pleno direito. A cabeleira solta das adolescentes significa que as "potrancas" continuam selvagens, ainda não perderam aquela alteridade que as jovens emanam enquanto a imposição do jugo conjugal não lhes confere

a identidade social de matrona e as domestica. Raspar a cabeça da noiva no dia das núpcias significa:
a) diferenciá-la do seu estado anterior de *parthénos*, de virgem selvagem de cabelos soltos;
b) diferenciá-la ao mesmo tempo do esposo, tão cabeludo na condição de homem adulto quanto ela antes do matrimônio;
c) talvez também, fazendo-a calçar sandálias masculinas no mesmo momento em que lhe raspam a cabeça, apagar simbolicamente as fronteiras entre os dois sexos, que serão separados e aproximados pelo matrimônio; eles não serão nem misturados como na primeira infância, nem separados sem nenhuma confusão como no caso da virgem-*parthénos*, nem abandonados ao caos sexual da violência, do rapto, das uniões confusas ao capricho dos encontros. Após o matrimônio, os dois sexos se fixam a uma distância clara um do outro.
3. A maneira como conduzo a análise, assim como o conjunto dos fatos que reúno num mesmo campo interpretativo para tentar compreender os diversos aspectos da face de Gorgó, me obrigam a descartar, em razão da sua não pertinência no contexto, o valor fálico do cabelo ofiomórfico de Medusa.
4. Por todas essas razões, descarto também, como já indiquei anteriormente, a identificação da decapitação de Medusa com uma castração disfarçada.

Nessas condições, devo explicar por que não deixo supor nenhuma relação direta entre a homossexualidade e a personagem de Gorgó? Não vejo nada que me obrigue a isso nas peças do meu estudo. E, sobretudo, como antropólogo, não acredito que exista uma categoria geral de homossexualidade. A sociedade grega é uma sociedade "masculina", mas de uma maneira diferente da nossa. A pederastia tinha traços específicos na cultura grega, recentemente trazidos à luz em vários livros (em particular os de Kenneth James Dover e Bernard Sergent), e Michel Foucault analisou suas condições, características fundamentais e orientações, mostrando como ela se articula com a concepção grega do erótico, que ela permite problematizar. Remeto o leitor ao capítulo IV de *O uso dos prazeres*. Não tenho mais nada a acrescentar.

Ao fim dessas considerações excessivamente longas, talvez se compreenda mais claramente que a diferença entre o antropólogo e o psicanalista é a importância que o primeiro dá ao contexto social e à dimensão histórica em sua abordagem dos fatos da cultura.

A inquietante estranheza

P. KAHN — Você caracteriza diversas vezes como inquietante estranheza os efeitos produzidos pela máscara da Górgona. Ao fazê-lo, e essas passagens são as mais impactantes do livro, você nos leva a refletir sobre o que poderia ser essa inquietante estranheza numa cultura grega em que o terror inspirado pelos mortos não era reprimido ou dominado como tende a ser nos dias de hoje.

Mas vai mais longe quando aponta o que estava em jogo no fenômeno do olhar da Górgona para os gregos, e quando desenvolve a ideia de que não era apenas a relação com os mortos, mas a relação com a própria morte que estava em cena nesse face a face. Gorgó é uma encarnação, uma representação da alteridade radical com a qual os seres humanos são confrontados – aliás, uma frase sua que explica bem o que você entende por alteridade radical é: "A morte se projeta como o outro de tudo que pode ser dito sobre ela". Sob essa perspectiva, ressoa com mais força o objetivo explícito que você deu a *A morte nos olhos*: "Compreender esses outros que são os gregos antigos e nós mesmos também".

Gorgó, segundo o seu desenvolvimento, é a Potência de Morte da qual o homem se desvia, mas não pode evitar. O encontro com a Górgona se faz através de uma máscara que não usamos, mas de certo modo nos olha com nossos próprios olhos. Porque é com o olhar da máscara que a encaramos. Uma dimensão desse face a face é fazer aparecer a dialética do eu e de um duplo desse eu, em que se objetiva uma potência de Morte que o homem tem dentro de si.

Isso exige alguns esclarecimentos a respeito do olhar e da sua relação com a morte: o olhar passando pela percepção visual, mas também podendo extrapolá-la; o olhar como instância na qual se manifesta de forma privilegiada essa espécie de equilíbrio que, em cada indivíduo, se instauraria entre a vida e a morte.

J.-P. VERNANT — As suas perguntas sobre o face a face, a troca de olhares, a morte, o indivíduo e seu duplo ocupam posição central na minha reflexão, e isso não lhe escapou. Além do estudo a que você se refere ("Figuras da máscara na Grécia Antiga"), abordei esses problemas nos meus cursos no Collège de France (*Annuaire 1979-1980*) e num artigo publicado com o título "L'individu dans la cité".² Não saberei tratar convenientemente dessa questão no escopo da minha resposta. Apenas indicarei dois grandes eixos. O primeiro diz respeito à concepção grega da visão, do olhar, do olho. Platão escreveu em *Alcibíades* (132e-133a): "Quando olhamos no olho de alguém que está em face de nós, nosso rosto se reflete no que chamamos de pupila [*korē*, a menina] como num espelho: aquele que olha vê ali a sua imagem [*eidōlon*, simulacro, duplo]. — É verdade. — Assim, quando o olho considera um outro olho, quando ele fixa seu olhar na parte desse olho que é a melhor, a que vê, é ele mesmo que ele vê nela". Quando do meu olho, como de um sol, emana um raio que, refletindo-se no centro do olho do outro, retorna à fonte de onde ele saiu, sou eu mesmo na ação de ver (saber, conhecer) que o meu olhar transporta até a pupila do outro, um "eu mesmo" (vendo e sabendo) que não posso alcançar dentro de mim mesmo tanto quanto o olho não pode ver a si mesmo. Vejo-me na ação de ver, objetivado no olho de outrem, projetado e refletido nesse olho, como num espelho refletindo a mim mesmo em meus próprios olhos.

---

2 Vernant, *L'individu, la mort, l'amour*, p.211-32.

É essa teoria da visão que organiza o campo no qual vão funcionar, em posição simétrica, a erótica platônica e o fascínio da Górgona. O fluxo erótico, que circula do amante para o amado e retorna em sentido inverso do amado para o amante, segue o caminho de ida e volta da troca de olhares, em que cada um dos parceiros serve de espelho onde, no olho do outro face a face, ele percebe o reflexo duplicado dele mesmo. No *Fedro* (255d), Platão escreve: "Em seu amante, como num espelho, é ele próprio que ele ama [...] tendo assim um contra-amor que é uma imagem refletida do amor". Contudo, para Platão, o que eu vejo de mim mesmo no olho do amado é o que ele ama em mim: não a minha figura singular, mas o que está além dela e ela só pode invocar de maneira imperfeita, a Beleza, a forma do Belo em si; esse é o objeto próprio do amor, ao que ele visa sempre, assim como o olho, na troca de olhares, procura a luz e o sol, com os quais tem parentesco. Do mesmo modo, quando eu olho a Górgona nos olhos, sou eu que vejo, ou melhor, o que em mim é já o outro: o que está além de mim, não no alto, na direção do sol da beleza, mas embaixo, a cegante noite do caos: a morte em face.

O segundo eixo diz respeito ao sujeito, o eu, a pessoa na Grécia Antiga. Resumidamente, e *grosso modo*, a experiência de si não é orientada para dentro, mas para fora. O indivíduo se procura e se encontra em outrem, nos espelhos que são todos os que, a seu ver, constituem seu alter ego: pais, filhos, amigos. O indivíduo também situa a si mesmo nas operações que o realizam, que o efetuam "em ato", *energeia*, e não estão na sua consciência. Não existe introspecção. O sujeito é extravertido. Ele se olha de fora. Sua consciência de si não é reflexiva, não é retraimento em si mesma, trabalho sobre si mesma, elaboração de um mundo interior, íntimo, complexo e secreto, o mundo do Eu. A consciência de si é existencial. Como diz Bernard Groethuysen, para o grego a consciência de si é apreensão de um Ele, não de um Eu.

À guisa de conclusão: a feminização da morte

P. KAHN – Numa perspectiva de psicologia histórica, podemos dizer, como você sugere no seu livro, que essa concepção das relações entre a vida e a morte estava presente para os gregos e era representada na relação deles com a Górgona?

Por que essa feminilização da "morte" na cultura grega? Essa pergunta se torna insistente quando sabemos que uma variante de Gorgó "apresenta a face de Gorgó na posição da pupila – que os gregos chamavam de *korē*, a menina".

O que nos interessa (em sentido etimológico) na cultura grega, tal como a conhecemos pela figura de Gorgó? Você não acha que seria o lugar que ela reserva a essa Potência de Morte inerente a cada um de nós? Essa conscientização e sua elaboração em formas culturais que outra cultura apreende como ilusórias não é um dos segredos do que uma cultura pode colocar como limite à barbárie?

J.-P. VERNANT – Antes de falar de feminilização da morte, eu diria que, com Gorgó, os gregos feminilizaram um aspecto particular da morte: o horror que ela suscita em razão de sua alteridade radical. Mas, para a morte, os gregos têm um nome masculino: Tânatos. Essa personagem, cuja figura não tem nada de horrível, traduz o que a morte contém de institucionalizado, de civilizado; ela se aproxima do que os gregos chamam de "a bela morte" (*kalos thanatos*), a morte que os heróis confrontam no campo de batalha e lhes garante, na memória social, uma eterna existência em glória. Existem outras figuras femininas da morte: elas associam à angústia e ao pavor o charme da sedução, a atração do que é diferente, a tentação do desconhecido. Escrevi: "Para discernir essas zonas lindeiras entre Tânatos e Eros, entre a morte e o desejo, para identificar dentre as figuras da morte grega as que imitam as feições da mulher, e em especial da jovem, seu poder de estranha fascinação, o charme inquietante de sua beleza, temos de seguir várias pistas". Tentei segui-las num estudo sobre as figuras femininas da morte na Grécia."[3]

Reconheço que eu não teria me aventurado a explorar as paisagens gregas que associam Eros a Tânatos se eu não pertencesse a uma época e a uma cultura marcadas pela psicanálise. É claro que me aconteceu de beber desse fundo comum e não deve ser difícil encontrar o rastro desses empréstimos em alguns dos meus textos. Mas não acredito que a psicanálise

---
3 Ibid., p.134.

possa propor um modelo de interpretação de valor geral, e que seja apenas questão de aplicá-lo. É essa forma de pensar e viver a psicanálise que eu chamaria de "ilusão", como existe um modo ilusório de viver e pensar o marxismo.

Referências

ABEL, *Orphica*.

ALTHEIM, F. Perseus et Phersu. *Aevum*: Rassegna di Scienze storiche, linguistiche e filologiche, 35, 1961. p.131-5.

_____. Persona. *Archiv für Religionswissenschaft*, 27, 1929. p.35-52.

ANTONINO LIBERAL. *Metamorfoses*.

APOLODORO. *Biblioteca*.

APOLÔNIO DE RODES. *Os Argonautas*.

ARISTÓFANES. *Os Acarnânios*.

_____. *As rãs*.

_____. *Lisístrata*.

ARISTÓTELES. *Da geração dos animais*.

_____. *História dos animais*.

_____. *Política*.

ARNÓBIO. *Adversus Nationes*.

ATENEU. *Dipnosofistas*.

BEKKER, I. *Anecdota Graeca*. Berolini: G. C. Nauckium (G. Reimerum), 1814-1821.

CALÍMACO. *Hino a Ártemis*.

CLEMENTE DE ALEXANDRIA. *Protréptico*.

COLLÈGE DE FRANCE. *Annuaire du Collège de France*: cours et travaux. Paris: Collège de France, 1975-1976 até 1983-1984.

CROON, J. H. The Mask of the Underworld Daemon. Some Remarks on the Perseus-Gorgon Story. *Journal of Hellenic Studies*, 75, 1955. p.9-16.

DETIENNE, M. Les Essais. *Dionysos mis à mort*. Paris: Gallimard, 1977.

DIODORO. *Biblioteca histórica*.

DUMÉZIL, G. *Apollon sonore et autres essais*. Paris: Gallimard, 1982. "Bibliothèque des Sciences Humaines".

_____. Rhapsodies homériques et irlandaises. In: BLOCH, R. *Recherches sur les Religions de l'Antiquité Classique*. Paris: Centre de Recherches d'Histoire et de Philologie de la IVe Section de l'EPHE, III, 1980. Hautes Études du Monde Gréco-Romain, 10. p.61-74.

ELIANO. *Varia historia*.

ELLINGER, P. Le gypse et la boue. I. Sur les mytles de la guerre d'anéantissement. *Quaderni Urbinati di Cultura Classica*, 29, 1978. p.7-55.

_____. Les ruses de guerre de Artémis. In: LEPORE, E. et al. *Recherches sur les cultes grecs et l'Occident 2*. Naples: Cahiers du Centre Jean Bérard, IX, 1984. p.51-67.

ÉSQUILO, *Prometeu acorrentado*.

_____. *As suplicantes*.

_____. *Eumênides*.

ESTRABÃO. *Geografia*.

EURIPÍDES, *Ifigênia em Táuris*.

_____. *Helena*.

_____. *Héracles*.

_____. *Íon*.

_____. *Orestes*.

FELDMAN, Th. Gorgo and the Origins of Fear. *Arion*, IV, 1, 1965. p.484-94.

FRONTISI-DUCROUX, F. Artémis bucolique. *Revue de l'Histoire des Religions*, 198, 1, 1981. p.53-69.

_____. L'homme, le cerf et le berger. Chemins grecs de la civilité. *Le Temps de la Réflexion*, IV, 1983. p.53-76.

_____; VERNANT, J.-P. Figures du masque en Grèce ancienne. *Journal de Psychologie*, 1-2, janv.-juin 1983. p.25-43.

GERNET, L. *Recherches sur le développement de la pensée juridique et morale en Grèce*. Paris: E. Leroux, 1917.

GOLDMAN, B. The Asiatic Ancestry of the Greek Gorgon. *Berytus*, XIV, 1961. p.1-23.

HARRISON, J. E. The demonology of Ghosts and Sprites and Bogeys. *Prolegomena to the Study of Greek Religion*. New York: Meridian Books, [1903] 1957. p.163-256.

HELIODORO. *As Etiópicas*.

HERÓDOTO. *História*.

HERONDAS. *Mimos*.

HESÍODO, *Os trabalhos e os dias*.

_____. *O escudo de Héracles*.

_____. *Teogonia*.

_____. *Teogonia*.

HESÍQUIO. *Dicionário*.

HIPOCRATES. *Da doença sagrada*.

HIPÓLITO DE ROMA. *Refutação de todas as heresias*.

HOMERO. *Ilíada*.

_____. *Odisseia*.

HOMMAGES À LÉON POLIAKOV. Bruxelles: Complexes, 1981.

HOPKINS, C. Assyrian Elements in the Perseus-Gorgon Story. *American Journal of Archaeology*, 38, 3, 1934. p.341-58.

_____. The Sunny-Side of the Greek Gorgon. *Berytus*, XIV, 1961. p.25-35.

HOWES, Th. Ph. The Origin and Function of the Gorgon-Head. *American Journal of Archaeology*, 58, 3, 1954. p.209-21.

JÂMBLICO. *Sobre os mistérios*.

KAHIL, L. Ártemis. In: FONDATION LIMC. *Lexicon Iconographicum Mythologiae Classicae*. Zürich: Artemis, 1981-1999.

KARAGIORGA, Th. *Gorgeiè Kephalé* (Origine et signification de la figure de la Gorgone dans le culte et dans l'art de l'époque archaïque). Athènes: [s.n.], 1970.

KERN, O. (Ed.). *Orphicorum Fragmenta*. Berolini: Weidmannos, 1922.

LAPORTE, P. M. The Passing of the Gorgon. *Bucknell Review*, 17, 1969. p.57-71.

LICOFRÃO, *Alexandra*.

LINCOLN, B. Homeric lussa, Wolfish Rage. *Indogermanische Forschungen*, 80, 1975. p.98-105.

MARINATOS, Sp. Gorgones kai gorgoneia. *Archaiologike Ephemeris*, 1927-1928. p.7-41.

MONTEPAONE, C. L'*arkteia* à Brauron. *Studi Storico-Religiosi*, III, 2, 1979. p.343-64.

OLENDER, M. Aspects de Baubô. Textes et contextes antiques. *Revue de l'Histoire des Religions*, 1.1985. p.3-55.

ONIANS, R. B. *The Origins of European Thought*. 2.ed., Cambridge: Cambridge University Press, 1954.

ORFEU. *Orphei Hymni*. Éd. Guilelmus Quandt. Berolini: Weidmannos, 1955.

OVÍDIO. *Fastos*.

_____. *Metamorfoses*.

PARKE, H.-W. *Festivals of the Athenians*. London: Thames and Hudson, 1977.

PAUSÂNIAS. *Descrição da Grécia*.

PÍNDARO. *Olímpicas* 43.

_____. *Píticas*.

PLATÃO. *Críton*.

_____. *Fédon*.

_____. *Górgias*.

_____. *Leis*.

_____. *Parmênides*.

_____. *Sofista*.

_____. *Teeteto*.

_____. *Timeu*.

PLUTARCO. *Moralia*.

_____. *Sobre a igualdade da alma*.

_____. *Vida de Licurgo*.

_____. *Vida de Lisandro.*

POLÍBIO. *Histórias.*

RAEDER, J. *Priene*: Funde aus einer griechischen Stadt im Berliner Antikenmuseum. Berlin: Gebr. Mann, 1983.

ROHDE, E. *Psyché*: le culte de l'âme chez les grecs et leur croyance à l'immortalité. Paris: Payot, 1928.

SALE, W. The Temple-Legends of the Arkteia. *Rheinisches Museum für Philologie*, 118. Bd., H. 3/4, 1975. p.265-84.

SÓFOCLES. *Antígona.* Fr. 652 Pfeiffer.

SUDA, s.v. "*árktos è Braurōníois*".

TEÓCRITO. *Idílios.*

TEÓGNIS. *Elegias.*

VERNANT, J.-P. *L'individu, la mort, l'amour.* Paris: Gallimard, 1989.

_____. Le Dionysos masqué des Bacchantes d'Euripide. *L'Homme*, 93, janv.--mars 1985. p.31-58.

_____. *Annuaire du Collège de France*, 1982-1983, p.445-9.

VIAN, F. *Les origines de Thèbes.* Paris: C. Klincksieck, 1963.

WILL, E. La décollation de Medusa. *Revue Archéologique*, 27, 1947. p.60-76.

XENOFONTE. *A arte da caça.*

_____. *A República dos lacedemônios.*

_____. *Anabase.*

_____. *Banquete.*

_____. *A arte equestre.*

Figura 1. As "ursas" de Brauro (p.22).

Figura 2. Rosto grotesco de Baubo (p.35).

JEAN-PIERRE VERNANT

Figura 3. Máscara de velho (p.31).

Figura 4. Máscara de sátiro (p.31).

Figura. 5. Máscara de Dioniso (p.32).

Figura 6. Dança das mênades em transe (p.64).

Figura 7-8. Górgonas perseguindo Perseu...

... que foge (p.84).

A MORTE NOS OLHOS

Figura 9. Górgona de dois corpos (p.34).

Figura 10. Gorgonião sobre o escudo de Atena (p.31).

Figura 11. Atena tocando flauta (p.62).

Figura 12. Atena e Mársias (p.56-7).

Figura 13. Górgona entre dois olhos (p.34).

Figura 14. A morte nos olhos (p.88).

SOBRE O LIVRO

Formato: 13,7 x 21 cm
Mancha: 24,6 x 38,4 paicas
Tipologia: Adobe Jenson Regular 13/17
Papel: Off-white 80 g/m² (miolo)
Cartão supremo 250 g/m² (capa)
1ª edição Editora Unesp: 2021

EQUIPE DE REALIZAÇÃO

Edição de texto
Marcelo Porto (Copidesque)
Maísa Kawata (Revisão)

Capa
Marcelo Girard

Editoração eletrônica
Sergio Gzeschnik

Assistência editorial
Alberto Bononi
Gabriel Joppert

Rua Xavier Curado, 388 • Ipiranga - SP • 04210 100
Tel.: (11) 2063 7000 • Fax: (11) 2061 8709
rettec@rettec.com.br • www.rettec.com.br